Mediunidade na Bíblia

Telas famosas sob a visão Espírita

Hércio M. C. Arantes

INSTITUTO DE DIFUSÃO ESPÍRITA
Av. Otto Barreto, 1067 - Caixa Postal 110
CEP 13602-970 - Araras - SP - Brasil
Fone (19) 3541-0077 - Fax (19) 3541-0966
C.G.C. (MF) 44.220.101/0001-43
Inscrição Estadual 182.010.405.118

IDE EDITORA É APENAS UM NOME FANTASIA UTILIZADO
PELO INSTITUTO DE DIFUSÃO ESPÍRITA,
O QUAL DETÉM OS DIREITOS AUTORAIS DESTA OBRA.

www.ide.org.br
info@ide.org.br
vendas@ide.org.br

Capa:
César França de Oliveira
com a ilustração de *O Festim de Baltazar,*
óleo sobre tela de Rembrandt, 1635.

© 2006, Instituto de Difusão Espírita

1ª edição – junho/2006
10.000 exemplares

Ficha Catalográfica

(Preparada na Editora)

Arantes, Hércio Marcos Cintra, 1937-

A68m   *Mediunidade na Bíblia - Telas Famosas sob a Visão Espírita*/Hércio Marcos Cintra Arantes. Araras, SP, IDE, 1ª edição, 2006.

272 p.: 59 il.

ISBN 85-7341-348-4

1. Mediunidade 2. Vultos Espíritas 3. Espiritismo.
I. Título.

CDD-133.9
-133.9092
-133.91
-220.7
-704.948

Índices para catálogo sistemático:
1. Espiritismo 133.9
2. Espíritos: Mediunidade: Espiritismo 133.91
3. Bíblia: Comentários 220.7
4. Vultos Espíritas: Biografia e obra 133.9092
5. Telas religiosas 704.948

ÍNDICE DOS CAPÍTULOS E DAS ILUSTRAÇÕES*

PARTE I

TELAS FAMOSAS SOB A VISÃO ESPÍRITA

A – TRAÇOS FISIONÔMICOS DE JESUS E DE MARIA DE NAZARETH SEGUNDO CHICO XAVIER

1-a - *Vinde a Mim*, Carl Bloch 13
1-b - *Jesus Cristo*, V. Caruso 13
2 - *Nossa Senhora, Mãe de Jesus*, Vicente Avela e Chico Xavier/Emmanuel 20

B – MEDIUNIDADE NA BÍBLIA

3 - *Moisés*, Rembrandt 22
4 - *O Festim de Baltazar*, Rembrandt 26
5 - *Rei Saul, o fantasma do profeta Samuel e a pitonisa de En-Dor*, Autor desconhecido 30
6 - *Anunciação*, Leonardo da Vinci (?) 33
7 - *A Transfiguração*, Rafael (Parte superior) 37
8 - *A Transfiguração*, Rafael (Parte inferior) 43
9 - *Os Discípulos de Emaús*, Rembrandt 46
10 - *São Mateus*, Guido Reni 49
11 - *Pentecostes*, El Greco 52
12 - a e b - *A libertação de São Pedro* (detalhes), Rafael 57
13 - *A conversão de São Paulo*, Caravaggio 61
14 - *São João, o Evangelista, na ilha de Pátmos*, Velázques 65

C – PARÁBOLAS EVANGÉLICAS

15 - *A volta do Filho Pródigo*, Rembrandt 70
16 - a e b - *O Bom Samaritano*, Rembrandt 75

(*) As ilustrações, em papel cuchê e a cores, estão reunidas num caderno central obedecendo à mesma numeração dos capítulos.

D – GRANDES MISSIONÁRIOS DA HUMANIDADE

17 - *Sant'Ana, a Virgem e o Menino*, Leonardo da Vinci
 (Maria de Nazareth) 78
18 - *A morte de Sócrates*, David (Sócrates) 87
19 - *Dante e Virgílio no Inferno*, Delacroix (Dante Alighieri) 91
20 - *A voz dizia: "Vai à França"*, Tiago Wagrez (Joana D'Arc) 97
21 - *Huss perante o Concílio de Constância*, V. Brozik
 (João Huss) 101

E – VIDA NO ALÉM

22 - *Ascensão ao Céu*, Bosch 109
23 - *Aparição de Jerusalém Celeste a S. Pedro Nolasco*,
 Zurbarán 114

F – PROCESSO DESENCARNATÓRIO EM OBRA-PRIMA DE EL GRECO

24 - a e b - *O enterro do Conde de Orgaz*, El Greco 122

G – ORIGENS DE DOIS QUADROS ESCLARECIDAS POR REVELAÇÕES MEDIÚNICAS

25 - *O menino Jesus no meio dos Doutores*, Ingres 126
26 - *O martírio de São Dinis*, Bonnat 130

H – IMAGENS DE FANTASMAS DA IDADE MÉDIA

27 - *A aparição do Prior ao sacristão Hubert*,
 Autor desconhecido 134
28 - *A aparição do irmão menor a seus irmãos*,
 Autor desconhecido 136

I – HISTÓRIA DO BRASIL

29 - *A Providência guia Cabral*, Eliseo Visconti 139
30 - *Partida de Estácio de Sá da Bertioga para o Rio*,
 Benedito Calixto 144
31 - *Martírio de Tiradentes*, Aurélio de Figueiredo 147
32 - *Grito do Ipiranga*, Pedro Américo 150

PARTE II
GALERIA DE VULTOS ESPÍRITAS

A – QUADROS

33 - *Allan Kardec*, fotografia do século XIX 155
34 - *Bezerra de Menezes*, J. Simón 162
35 - *Eurípedes Barsanulfo*, J. Simón 168
36 - *Emmanuel*, Delpino Filho 176
37 - *Emmanuel*, Anna Cortázzio 179
38 - *Meimei*, Anna Cortázzio 184
39 - *André Luiz*, Jô e Waldo Vieira 187
40 - *Scheilla*, Vicente Avela, Tongo e Chico Xavier 195
41 - *Joanna de Ângelis*, Aurora Parpal 200
42 - Francisco Cândido Xavier, João Pio de Almeida Prado 207

B – SELOS POSTAIS BRASILEIROS COM MOTIVOS ESPÍRITAS

43 - 1º Centenário da Codificação do Espiritismo - 1957 221
44 - "O Evangelho" da Codificação Espírita - 1964 222
45 - Allan Kardec - Centenário de Morte - 1969 223
46 - Centenário da Imprensa Espírita no Brasil - 1969 224
47 - Allan Kardec - Bicentenário de Nascimento - 2004 225

APÊNDICE - Identidade Espiritual Kardec/Chico Xavier -
Indícios Significativos 226

PARTE I

Telas famosas sob a Visão Espírita

A – TRAÇOS FISIONÔMICOS DE JESUS E DE MARIA DE NAZARETH SEGUNDO CHICO XAVIER

1-a – *VINDE A MIM*, de Carl Bloch

1-b – *JESUS CRISTO*, de V. Caruso

Na falta de uma imagem autêntica da fisionomia do Mestre Jesus, recorremos a dois belos trabalhos artísticos dentre muitos que se aproximam de um retrato escrito, autenticado pelo respeitável e saudoso médium Francisco Cândido Xavier. (Ver as duas ilustrações, a cores, de número 1, a e b no caderno central.)

O dedicado confrade e escritor Adelino da Silveira, quando já havia lançado dois livros de entrevistas com Chico Xavier, ao elaborar o terceiro, fez, em 20 de julho de 1999, a seguinte pergunta ao médium:

"Chico, estão dizendo que aquela carta enviada da Galiléia pelo senador romano Públio Lentulus ao imperador Tibério Cesar, em que traça o perfil de Jesus, não é autêntica. O que você poderia nos dizer a respeito?"

E obteve a incisiva resposta:

"É autêntica. Foi encontrada nos arquivos de Roma. Eu a li antes de receber o livro *Há dois mil anos*..."

(Momentos com Chico Xavier, Grupo Espírita da Paz, Mirassol, SP, 1ª ed., 1999, p. 158.)

Esta esclarecedora resposta não surpreenderá os espíritas, pois não temos dúvidas de que, na época do Messias de Nazaré, viveu na Palestina, durante quinze anos, um senador romano de nome Públio Lentulus Cornelius. É o que nos assegura o romance *Há dois mil anos...* (31ª edição, 1998, FEB, Rio), da lavra mediúnica de Francisco C. Xavier, escrito pelo Espírito Emmanuel, que naquela época, encarnado, tinha o nome do referido senador.

E nesta obra, que representa um documentário valiosíssimo da história do Cristianismo no século I, encontramos o interessante relato do encontro do próprio autor, com o Mestre, que foi procurado pelo senador com o objetivo de obter a cura de sua filha leprosa. Aliás, foi a enfermidade desta criança que o levou à Palestina em busca de um clima que a beneficiasse.

A carta do senador Públio Lentulus

"Sabendo que desejais conhecer quanto vou narrar, existindo nos nossos tempos um homem, o qual vive atualmente de grandes virtudes, chamado Jesus, que pelo povo é inculcado profeta da verdade, e os seus discípulos dizem que é filho de Deus, criador do Céu e da Terra e de todas as coisas que nela se acham e que nela tenham estado; em verdade, ó Cesar, cada dia se ouvem coisas maravilhosas desse Jesus; ressuscita os mortos, cura os enfermos, em uma só palavra: é um homem de justa estatura e é muito belo no aspecto. Há tanta majestade no rosto, que aqueles que o vêem são forçados a amá-lo ou temê-lo. Tem os cabelos da cor da amêndoa bem madura, são distendidos até as orelhas, e das orelhas até as espáduas são da cor da terra, porém mais reluzentes.

Tem no meio da sua fronte uma linha separando os cabelos, na forma em uso nos nazarenos; o seu rosto é cheio, o aspecto é muito sereno, nenhuma ruga ou mancha se vê em sua face de uma cor moderada; o nariz e a boca são irrepreensíveis. A barba é espessa, mas semelhante aos cabelos, não muito longa, mas separada pelo meio; seu olhar é muito especioso e grave: tem os olhos graciosos e claros; o que surpreende é que resplandecem no seu rosto como os raios do sol, porém ninguém pode olhar fixo no seu semblante, porque, quando resplende, apavora, e quando ameniza, faz chorar; faz-se amar e é alegre com gravidade. Diz-se que nunca ninguém o viu rir, mas, antes, chorar. Tem os braços e as mãos muito belos; na palestra contenta muito, mas o faz raramente e, quando dele alguém se aproxima, verifica que é muito modesto na presença e na pessoa. É o mais belo homem que se possa imaginar, muito semelhante a sua mãe, a qual é de uma rara beleza, não se tendo jamais visto, por estas partes, uma donzela tão bela... De letras, faz-se admirar de toda a cidade de Jerusalém; ele sabe todas as ciências e nunca estudou nada. Ele caminha descalço e sem coisa alguma na cabeça. Muitos se riem, vendo-o assim, porém em sua presença, falando com ele, tremem e admiram. Dizem, que um tal homem nunca fora ouvido por estas partes. Em verdade, segundo me dizem os hebreus, não se ouviram jamais tais conselhos, de grande doutrina, como ensina este Jesus; muitos judeus o têm como Divino e muitos me querelam, afirmando que é contra a lei de tua majestade.

Diz-se que este Jesus nunca fez mal a quem quer que seja, mas, ao contrário, aqueles que o conhecem e com ele têm praticado, afirmam ter dele recebido grandes benefícios e saúde, porem à tua obediência estou prontíssimo – aquilo que tua majestade ordenar será cumprido.

Vale, da majestade tua, fidelíssimo e obrigadíssimo.

Públio Lentulus

(L'indizione setima, luna seconda)"

A espiritualidade confirma sua autenticidade

Até hoje, não há uma certeza de como seriam os traços físicos de Jesus, pois, nos Evangelhos, os apóstolos que os redigiram nada registraram a respeito. Sabe-se que os pintores e escultores da antiguidade, ao retratarem o Mestre, basearam-se na tradição e em antigas e toscas pinturas encontradas em velhas catacumbas.

Os textos antigos autênticos também nada asseguram nesta questão. No segundo século, S. Policarpo (47/48 - 133) já afirmava: "A imagem corporal do Cristo é para nós desconhecida." E Santo Agostinho

(354-430), em certo momento, declarou: "O que era o seu rosto, nós o ignoramos completamente."

Muitos estudiosos deste tema recordam que o Salmo 45, do *Velho Testamento*, referindo-se ao esperado Messias, diz: "Tu és mais formoso do que os filhos dos homens; a graça se derramou em teus lábios; por isso Deus te abençoou para sempre."

Somente no século XIV começou a ser conhecida uma carta redigida na Palestina, por Públio Lentulus, e endereçada ao imperador Tibério Cesar, onde se faz o retrato físico e moral de Jesus. Encontrada em Roma, no arquivo do duque de Cesadini, ela despertou grande interesse. Porém, até hoje, é questionada a sua autenticidade.

Mesmo assim, essa carta não foi totalmente esquecida, sendo muitas vezes lembrada e comentada em face de seu expressivo conteúdo. Como se fosse portadora de uma luz – de um selo de autenticidade – que nunca se apaga...

Quando se analisa essa carta, uma das dúvidas levantadas é se existiu ou não o autor da mesma, o senador Públio Lentulus Cornelius.

A leitura da obra *Há dois mil anos...*, autêntica autobiografia deste senador, hoje, no Além, mais conhecido por Emmanuel, revela-nos que a sua vida pública, embora muito honrada, chegando a receber duas expressivas homenagens, nos anos 58 e 79, pelos imperadores da época (p. 295 e 429), não apresentou lances de grande destaque, dignos de nota pelos historiadores.

Da tradicional família romana Lentulus, a que ele pertenceu, estão registrados nas Enciclopédias os seus representantes que ocuparam as altas funções de cônsules, e com forte influência na área política, tais como: Públio Lentulus Sura, P. Lentulus Spinther e P. Lentulus Crure.

Pesquisa feita por Silvano Cintra de Melo revelou: "Em *La Grande Encyclopedie*, tome 22, Editeur, H. Lamirault et Cie., Paris, e *Enciclopédia Universal Ilustrada – Europeo-Americana*, tomo XXIX, Editores Hijos de J. Espasa, Barcelona, lê-se o seguinte: 'PÚBLIUS LENTULUS – Suposto predecessor de Pôncius Pilátus, na Judéia, a quem é atribuída a autoria de uma carta dirigida ao Senado e povo romano, relatando a existência de Jesus Cristo.' A Enciclopédia espanhola adianta mais: Por essa carta, Públius Lentulus oferece pormenores sobre o aspecto exterior de Jesus e de suas qualidades morais, terminando-a com a afirmativa de que o Cristo era 'o mais formoso dos filhos dos homens'. A origem deste documento é desconhecida; o certo é que foi impresso pela primeira vez na *Vita Christi, de* Ludolfo Cartujano (Colônia, 1474) e, pela segunda vez, na *Introdução às Obras de Santo Anselmo (Nuremberg,* 1491)." (*Diário de Notícias,* Rio, RJ, 21/julho/ 1944 e transc. por Sílvio B. Soares, em *Reformador,* Rio, agosto/1944.)

A carta de Públio foi dirigida ao senado ou ao imperador?

Nos comentários sobre esta carta, deparamos com uma, ou outra afirmativa, embora o texto mais divulgado apresente preâmbulo e encerramento dirigidos ao imperador. A verdade dessa questão encontra-se à página 96 do livro de Emmanuel, quando ele relata que, numa manhã, ao receber notícias de Roma, de seu amigo íntimo, senador Flamínio Severus, Públio ocupou-se todo aquele dia de "encher numerosos rolos de pergaminho, para mandar ao companheiro de luta notícias minuciosas de todas as ocorrências." A notícia principal era a cura de sua filha pelo Cristo, mas ele ainda atribuía o restabelecimento rápido da pequena Flávia ao clima adorável da Galiléia...

E "como possuía naquele valoroso descendente dos Severus uma alma de irmão dedicado e fiel, a cujo coração jamais deixara de confiar as mais recônditas emoções do seu espírito, escreveu-lhe longa carta, em suplemento, com vistas ao Senado Romano, sobre a personalidade de Jesus-Cristo, encarando-a serenamente, sob o estrito ponto de vista humano, sem nenhum arrebatamento sentimental."

Portanto, a interpretação que acompanha algumas transcrições dessa carta, afirmando que "O Senado Romano foi interpelado pelo imperador Tibério Cesar, acerca do Cristo, de quem tanto lhe falavam", está correta. Entendemos que Públio Lentulus, sabendo desta interpelação, esclareceu o imperador através do senado, ao qual pertencia.

Públio Lentulus foi procônsul (procurador ou governador) ou predecessor de Pilatos na Judéia?

Esta dúvida também está totalmente desfeita em *Há dois mil anos...*

Quando Públio dirigiu-se com a família à Palestina, em busca da cura de sua filha, lá permaneceu "com poderes amplos, na qualidade de emissário de Cesar e do Senado" (p. 117), mas nunca como procônsul. Na época, a maior autoridade romana na Judéia era Pôncio Pilatos.

Personalidade de Jesus no livro "Há dois mil anos..."

Desse clássico da literatura espírita, relacionaremos os seguintes registros de Emmanuel, que mostram um perfil da personalidade do Cristo, quando relata o encontro de Públio com Ele em Cafarnaum, às margens do lago de Tiberíades (A e B) e, em Jerusalém, no momento em que o senador se aproximou do Mestre, supliciado, ao receber a pena do açoite na praça pública (C):

A – "Diante de seus olhos ansiosos, estacara personalidade inconfundível e única. Tratava-se de um homem ainda moço, que deixava transparecer nos olhos, profundamente misericordiosos, uma beleza suave e indefinível. Longos e sedosos cabelos moldúravam-lhe o semblante compassivo, como se fossem fios castanhos, levemente dourados por luz desconhecida. Sorriso divino, revelando ao mesmo tempo bondade imensa e singular energia, irradiava de sua melancólica e majestosa figura uma fascinação irresistível." (p. 85)

B – "(...) ele orava intensamente, observando que lágrimas copiosas lhe lavavam o rosto, banhado então por uma claridade branda, evidenciando a sua beleza serena e indefinível melancolia." (p. 88)

C – "Aquele rosto enérgico e meigo, em que os seus olhos haviam divisado uma auréola de luz suave e misericordiosa, nas margens do Tiberíades, estava agora banhado de suor sangrento a manar-lhe da fronte dilacerada pelos espinhos perfurantes, misturando-se de lágrimas dolorosas; seus delicados traços fisionômicos pareceram invadidos de palidez angustiada e indescritível; os cabelos caíam-lhe na mesma disposição encantadora sobre os ombros seminus e, todavia, estavam agora desalinhados pela imposição da coroa ignominiosa; o corpo vacilava, trêmulo, a cada vergastada mais forte, mas o olhar profundo saturava-se da mesma beleza inexprimível e misteriosa, revelando amargurada e indefinível melancolia." (p. 142)

Carl Bloch, um pintor de grande sensibilidade

Carl Heinrich Bloch nasceu e desencarnou em Copenhague, Dinamarca, respectivamente em 23 de maio de 1834 e 22 de fevereiro de 1890.

Estudou na Academia de Arte de Copenhague, instituição na qual tornou-se, futuramente, professor e diretor. Aos 25 anos, dirigiu-se a Roma, onde aperfeiçoou sua genialidade artística, durante seis anos.

Deixou lindas e expressivas telas religiosas, várias delas registrando passagens da vida de Jesus, tais como: *Sermão da Montanha, Jesus e a Mulher Samaritana, A Transfiguração* e *Emaús*.

V. Caruso, um inspirado pintor brasileiro

Sua bela e inspirada tela *Jesus Cristo*, escolhida dentre muitas que se aproximam do retrato escrito pelo senador romano Públio Lentulus, que conheceu o Mestre Nazareno, foi aqui reproduzida com a gentil autorização da Editora Paulinas, de São Paulo, SP.

Infelizmente, a biografia de V. Caruso não foi encontrada, inclusive pela Editora que divulga seu trabalho.

2 - NOSSA SENHORA, MÃE DE JESUS

NOSSA SENHORA, MÃE DE JESUS, arte fotográfica de Vicente Avela [baseada em retrato falado, ditado por Emmanuel (Espírito) ao médium Francisco Cândido Xavier, 1984]

Algum tempo após tomarmos conhecimento de um novo quadro de Maria, a Mãe de Jesus (que apresenta a legenda: "Nossa Senhora, Mãe de Jesus", escrita pelo próprio médium), divulgado num programa da TV Record, de São Paulo, com a presença de Francisco Cândido Xavier, procuramos esse médium amigo para colher dele maiores esclarecimentos sobre a origem do mesmo. (Ver ilustração, a cores, de número 2.)

Contou-nos, então, Chico Xavier, no final da reunião pública do Grupo Espírita da Prece, em Uberaba, na noite de 1º de dezembro de 1984, que, com vistas às homenagens do Dia das Mães de 1984, o Espírito Emmanuel ditou, por ele, um retrato falado de Maria de Nazaré ao fotógrafo Vicente Avela, de São Paulo. Esse trabalho artístico foi sendo realizado aos poucos, desde meados de 1983, com retoques sucessivos realizados pela grande habilidade de Vicente, em mais de vinte contatos com o médium mineiro, na Capital paulista.

Em nossa rápida entrevista, Chico frisou que a fisionomia de Maria, assim retratada, revela tal qual Ela é conhecida quando de Suas visitas às esferas espirituais mais próximas e perturbadas da crosta terrestre; como, por exemplo, disse-nos ele, na Legião dos Servos de Maria, grande instituição de amparo aos suicidas descrita detalhadamente no livro *Memórias de um Suicida,* recebido mediunicamente por Yvonne A. Pereira.

E, ao final do diálogo fraterno, atendendo nosso pedido, Chico forneceu-nos o endereço do fotógrafo-artista, para que pudéssemos entrevistá-lo oportunamente, podendo assim registrar mais algum detalhe do belo trabalho realizado.

※ ※ ※

De fato, meses após essa entrevista, tivemos o prazer de conhecer o sr. Vicente Avela, em seu próprio ateliê, há 30 anos localizado na Rua Conselheiro Crispiniano, 343, 2º andar, na Capital paulista, onde nos recebeu atenciosamente.

Confirmando as informações do médium de Uberaba, ele apenas destacou que, de fato, não houve pintura e sim um trabalho basicamente fotográfico, fruto de retoques sucessivos num retrato falado inicial, tudo sob a orientação mediúnica de Chico Xavier.

Quando o sr. Vicente concluiu a tarefa, com a arte final em pequena foto branco-e-preto, ele a ampliou bastante e coloriu-a com tinta a óleo (trabalho em que é perito, com experiência adquirida na época em que não havia filmes coloridos e as fotos em preto-e-branco eram coloridas à mão) dando origem à tela que foi divulgada.

Nesse encontro fraterno, também conhecemos o lindo quadro original à vista em parede de seu escritório, e ao despedirmo-nos, reconhecidos pela atenção, o parabenizamos por esse árduo e excelente trabalho, representando mais uma *notícia* da vida espiritual de Maria de Nazaré, que continua amparando com imenso amor maternal a Humanidade inteira.

(Este texto foi publicado inicialmente no *Anuário Espírita 1986*, IDE, integrando o artigo "Notícias de Maria, a Mãe de Jesus" do autor desta obra, p. 19 e 20, tendo a sua capa apresentado, a cores, o quadro de Nossa Senhora.)

B – MEDIUNIDADE NA BÍBLIA

3 - MOISÉS

MOISÉS, de Rembrandt (167 x 135cm – 1659, Gemäldegalerie, Berlim)

"Deus fala com Moisés no monte Sinai. Os dez mandamentos. As duas tábuas do testemunho.

Ao terceiro mês da saída dos filhos de Israel da terra do Egito, no mesmo dia vieram ao deserto de Sinai. (...) e acamparam-se defronte do monte. E subiu Moisés a Deus, e o Senhor o chamou do monte (...) E disse-lhe o Senhor: Vai, desce; depois subirás tu, e Arão contigo (...) Então falou Deus todas estas palavras: Eu sou o Senhor teu Deus que te tirei da terra do Egito, da casa da servidão. Não terás outros deuses diante de mim. Não farás para ti imagem de escultura, nem alguma semelhança do que há em cima nos céus, nem embaixo na terra, nem nas águas debaixo da terra. Não te encurvarás a elas nem as servirás; (...) Não tomarás o nome do Senhor teu Deus em vão; (...) Lembra-te do dia do sábado, para o santificar. (...) Honra a teu pai e a tua mãe, para que se prolonguem os teus dias na terra que o Senhor teu Deus te dará. Não matarás. Não adulterarás. Não furtarás. Não dirás falso testemunho contra o teu próximo. Não cobiçarás a casa do teu próximo, não cobiçarás a mulher do teu próximo, nem o seu servo, nem a sua serva, nem o seu boi, nem o seu jumento, nem coisa alguma do teu próximo. (...) E deu a

Moisés (quando acabou de falar com ele no monte Sinal) as duas tábuas do testemunho, tábuas de pedra, escritas pelo dedo de Deus" (*Êxodo*, 19:1 a 3 e 24; 20:1 a 5, 7 e 8, 12 a 17; e 31 :18, *A Bíblia Sagrada,* Trad. João Ferreira de Almeida, Imprensa Bíblica Brasileira.)

Neste expressivo óleo sobre tela, Rembrandt registra um dos momentos mais importantes do Velho Testamento, utilizando-se de sua grande habilidade em dramatizar a cena e jogar, magistralmente, com a sombra e a luz.

Assim, surge Moisés, num gesto dramático, erguendo com seus braços iluminados as duas tábuas que trouxeram à Terra os fundamentos da Lei Divina.

É o momento culminante da vida do grande missionário que entregou ao povo a clara concepção do Deus Único e da Justiça Universal, para que a Humanidade se preparasse para receber, treze séculos depois, uma Revelação mais avançada: a Boa Nova trazida pelo Cristo, o Governador Espiritual da Terra.

Os Dez Mandamentos

Embora tenha recebido os Dez Mandamentos da Lei de Deus, Moisés, a comandar um povo que exigia forte disciplina, foi obrigado a estabelecer uma severa lei civil.

Portanto, pode-se dividir a lei mosaica em duas partes: a Lei eterna, Divina, para toda a Humanidade, e a outra, temporária, adequada apenas para um povo.

Os Espíritos esclarecem que Moisés foi um grande mensageiro do Divino Mestre, dotado de uma mediunidade extraordinária, permitindo a realização de grandes feitos que ficaram registrados na História. E, dentre eles, o mais importante, sem dúvida, foi quando recebeu "de emissários do Cristo, no Sinai, os dez sagrados mandamentos que, até hoje, representam a base de toda a justiça do mundo." (Emmanuel, F. C. Xavier, *A Caminho da Luz,* FEB, cap. VII.)

Com conhecimentos mais amplos dos fundamentos da Justiça Divina, hauridos no Plano Espiritual, André Luiz assim desenvolve o tema *Os Dez Mandamentos*:

"Os dez mandamentos, recebidos mediunicamente pelo profeta, brilham ainda hoje por alicerce de luz na edificação do direito, dentro da ordem social.

A palavra da Esfera Superior gravava a lei de causa e efeito para o homem, advertindo-o solenemente:

– Consagra amor supremo ao Pai de Bondade Eterna, n'Ele reconhecendo a tua divina origem.

Precata-te contra os enganos do antropomorfismo, porque padronizar os atributos divinos absolutos pelos acanhados atributos humanos é cair em perigosas armadilhas da vaidade e do orgulho.

Abstém-te de envolver o Julgamento Divino na estreiteza de teus julgamentos.

Recorda o impositivo da meditação em teu favor e em benefício daqueles que te atendem na esfera de trabalho, para que possas assimilar com segurança os valores da experiência.

Lembra-te de que a dívida para com teus pais terrestres é sempre insolvável por sua natureza sublime.

Responsabilizar-te-ás pelas vidas que deliberadamente extinguires.

Foge de obscurecer ou conturbar o sentimento alheio, porque o cálculo delituoso emite ondas de força desorientada que voltarão sobre ti mesmo.

Evita a apropriação indébita para que não agraves as próprias dívidas.

Desterra de teus lábios toda palavra dolosa a fim de que se não transforme, um dia, em tropeço para os teus pés.

Acautela-te contra a inveja e o despeito, a inconformação e o ciúme, aprendendo a conquistar alegria e tranqüilidade, ao preço do esforço próprio, porque os teus pensamentos te precedem os passos, plasmando-te, hoje, o caminho de amanhã." *(Evolução em Dois Mundos,* F.C. Xavier e W. Vieira, FEB, 1ª Parte, cap. XX.)

Rembrandt, o maior mestre do claro-escuro

Rembrandt Harmenszoon van Rijn, pintor e gravador holandês, nasceu em Leyden a 15 de julho de 1606 e desencarnou em Amsterdam a 4 de outubro de 1669.

Da escola holandesa, destacou-se como retratista, pintando também paisagens e grandes cenas históricas e bíblicas. Tornou-se o maior mestre do claro-escuro, utilizando-se, em várias telas, da escuridão e de forte claridade, envolvendo e destacando o motivo central, como recurso artístico principal do pintor.

Os seus quadros religiosos, embora muito expressivos, apresentam figuras simples e ambientes singelos, pois "foi o chefe da reação contra a influência italiana nos Países Baixos, feita em nome da natureza contra a pompa clássica da composição, a pureza tradicional das linhas, a nobreza teatral das atitudes, a fria sobriedade das cores." *(Lello Universal)*

Dentre os seus principais quadros, citaremos: *Os Negociantes de Tecidos, A Noiva Judia, A Lição de Anatomia do Doutor Tulp, Os Discípulos de Emaús*.

4 - O FESTIM DE BALTAZAR

O FESTIM DE BALTAZAR, de Rembrandt (167 x 308,5 cm – c. 1635, Museu Britânico, Londres)

"O banquete do rei Baltazar (Belsazar) – A mão misteriosa

O rei Baltazar deu um grande banquete a mil dos seus grandes (...) Havendo Baltazar provado o vinho mandou trazer os vasos de ouro e de prata, que Nabucodonozor, seu pai, tinha tirado do templo que estava em Jerusalém, para que bebessem por eles o rei, e os seus grandes, as suas mulheres e concubinas. (...) Beberam o vinho, e deram louvores aos deuses de ouro, de prata, de cobre, de ferro, de madeira e de pedra. Na mesma hora apareceram uns dedos de mão de homem, e escreviam, defronte do castiçal, na estucada parede do palácio real; e o rei via a parte da mão que estava escrevendo. Então se mudou o semblante do rei, e os seus pensamentos o turbaram; as juntas dos seus lombos se relaxaram e os seus joelhos bateram um no outro. E ordenou o rei com força, que se introduzissem os astrólogos, os caldeus e os adivinhadores; e falou o rei aos sábios da Babilônia: Qualquer que ler esta escritura, e me declarar a sua interpretação, será vestido de púrpura e trará uma cadeia de ouro ao pescoço, e será, no reino, o terceiro dominador. Então entraram todos os sábios do rei; mas não puderam ler a escritura, nem fazer saber ao rei a sua interpretação. Então o rei Baltazar perturbou-se muito e os seus grandes estavam sobressaltados. A rainha, por causa das palavras do rei e dos seus grandes, entrou na casa do banquete e falou ao rei: (...) Há no teu reino um homem que tem o espírito dos deuses santos (...) e teu pai o constituiu chefe dos magos (...) Chame-se pois agora Daniel, e ele dará a interpretação. Então Daniel foi introduzido à presença do rei. Falou o rei a Daniel: Es tu aquele Daniel, dos cativos de Judá, que o rei, meu pai, trouxe de Judá? (...) se puderes ler esta escritura, e fazer-me saber a sua interpretação, será vestido de púrpura e terás cadeia de ouro ao pescoço, e no reino serás o terceiro dominador. Então respondeu Daniel: Os teus dons fiquem contigo, e dá os teus presentes a outro; todavia lerei ao rei a escritura, e lhe farei saber a interpretação. (...) E tu levantaste contra o Senhor do céu, pois foram trazidos os vasos da casa dele perante ti, e tu, os teus grandes, as tuas mulheres e as tuas concubinas, bebestes vinho por eles; além disto, deste louvores aos deuses de prata, de ouro, de cobre, de ferro, de madeira e de pedra, que não vêem, não ouvem, nem sabem; mas a Deus, em cuja mão está a tua vida, e todos os teus caminhos, a ele não glorificaste. Então dele foi enviada aquela parte da mão, e escreveu-se esta escritura: MENE, MENE, TEQUEL, UFARSIM. Esta é a interpretação daquilo: MENE: Contou Deus o teu reino e o acabou. TEQUEL: Pesado foste na balança, e foste achado em falta. PERES: Dividido foi o teu reino, e deu-se aos medos e aos persas. Então mandou Baltazar que vestissem a Daniel de púrpura, e que lhe pusessem uma cadeia de ouro ao pescoço, e proclamassem a respeito dele que havia de ser o terceiro dominador do reino. Naquela mesma noite foi morto Baltazar, rei dos caldeus. E Dario, o medo, ocupou do reino." (Daniel, 5: 1-31, *A Bíblia Sagrada*, trad. J. F.Almeida.)

Neste quadro, o notável pintor holandês, aplicando com grande maestria a sua técnica do claro-escuro, projeta grande claridade no motivo central: o texto escrito pela mão materializada e a face do rei Baltazar com profunda expressão de assombro.

Todos os presentes participam, com o mesmo espanto do rei, do fenômeno inesperado, formando uma cena com forte dramaticidade. Com primor artístico, Rembrandt realça as ricas vestimentas, as jóias e a baixela, dignas de um banquete real.

Na pintura, a mensagem espiritual escrita na parede apresenta-se no idioma hebraico, com texto fornecido por um culto amigo do artista.

Este interessantíssimo episódio é assinalado por Léon Denis, em sua excelente obra *Cristianismo e Espiritismo* (Notas Complementares, nº 7, FEB), quando comenta a escrita mediúnica na Bíblia. Assim, logo após citar as Tábuas da Lei, complementa: "Não menos comprobativa (da intervenção do Mundo Invisível) é a inscrição traçada, por u'a mão materializada, em uma das paredes do palácio durante um festim que dava o rei Baltazar."

A mensagem espiritual e a mediunidade do profeta

Segundo a narração bíblica, "dedos de mão humana" surgiram misteriosamente e escreveram: *Mene, Mene, Tequel* e *Ufarsim* (que é o plural de Peres), palavras hebraicas que significam, respectivamente: *Contado, Pesado e Dividido.*

É evidente que só a tradução literal não poderia decifrar o recado do Além. E, portanto, o profeta Daniel, através de sua mediunidade (inspirativa? clariaudiente?) pôde elucidar o rei: da simples palavra Mene (que inexplicavelmente é repetida duas vezes), ele informou: "Contou Deus (os anos de) o teu reinado e o acabou"; da expressão *Tequel*: "Pesado foste na balança e foste achado em falta"; e de *Peres*: "Dividido foi o teu reino, e deu-se aos medos e persas."

Notável materialização em ambiente impróprio

Materialização é a corporificação parcial ou total de uma Entidade espiritual.

Dentre os fenômenos de efeitos físicos, o processo da materialização é dos mais complexos, exigindo a associação de três tipos fundamentais de fluidos: a) especiais, provenientes do Plano Espiritual; b) materializantes (ectoplásmicos), exteriorizados por um médium e c) recolhidos na Natureza terrestre.

Daí entendemos que os Espíritos, atuando num banquete muito profano, conforme a narrativa bíblica, e portanto, num ambiente extremamente inconveniente para a atuação de forças espirituais sublimadas, se limitaram a materializar somente o necessário: a mão do Espírito encarregado de escrever a mensagem. Evidentemente, que eles transportaram de outro local, para aquele conturbado recinto, o indispensável ectoplasma de algum médium e a tinta que permitiria a escrita. E certamente, conseguiriam alcançar seus objetivos por serem Entidades muito elevadas, atuando sob as bênçãos de Deus.

No nosso planeta, a materialização ainda é um fenômeno raro, por exigir condições especiais que envolvem o ambiente e a participação de encarnados e desencarnados, inclusive com grande influência do fator moral, havendo grande risco para a saúde física do médium.

O mentor espiritual Alexandre, ao dirigir um trabalho de materialização na crosta terrestre, assim esclareceu:

"– Os homens, em sentido geral, não sabem, por enquanto, compreender a essência divina de tais demonstrações e, quase sempre, acorrem a elas com o raciocínio acima do sentimento. Pelas inquietudes da investigação, perdem, muitas vezes, os valores da cooperação, e os resultados são negativos. No dia, porém, em que conseguirem trazer o coração iluminado, receberão alegrias iguais àquela que desceu sobre os discípulos de Jesus, quando, de portas cerradas, em sublime comunhão de amor e fé, receberam a visita do Mestre, perfeitamente materializado, depois da ressurreição, em casa humilde de Jerusalém, de conformidade com a narrativa dos Evangelhos." (André Luiz, Francisco C. Xavier, *Missionários da Luz,* FEB, cap. 10.)

5 - REI SAUL, O FANTASMA DO PROFETA SAMUEL E A PITONISA DE EN-DOR

REI SAUL, O FANTASMA DO PROFETA SAMUEL E A PITONISA DE EN-DOR, de Autor desconhecido (Livro do século XIV)

"Saul consulta uma pitonisa de En-Dor

E já Samuel era morto e todo o Israel o tinha chorado, e o tinha sepultado em Ramá, que era sua cidade. E Saul tinha desterrado adivinhos e os encantadores. E ajuntaram-se os filisteus, e vieram (...) E, vendo Saul o arraial dos filisteus, temeu, e estremeceu muito o seu coração. E perguntou Saul ao Senhor, porém o Senhor lhe não respondeu, nem por sonhos, nem por Urim, nem por profetas. Então disse Saul aos seus criados: Buscai-me uma mulher que tenha o espírito de feiticeira, para que vá a ela e a consulte. / E os seus criados lhe disseram: Eis que em En-Dor há uma mulher que tem o espírito de adivinhar. / E Saul se disfarçou e vestiu outros vestidos, e foi ele, e com ele dois homens, e de noite vieram à mulher; e disse: Peço-te que me adivinhes pelo espírito de feiticeira, e me faças subir a quem eu te disser. / Então a mulher lhe disse: Eis aqui tu sabes o que Saul fez, como tem destruído da terra os adivinhos e os encantadores; por que, pois, me armas um laço à minha vida, para me fazer matar? / Então Saul jurou pelo Senhor, dizendo: Vive o Senhor, que nenhum mal te sobrevirá por isso. / A mulher então lhe disse: A quem te farei subir? / E disse ele: Faze-me subir a Samuel. / Vendo, pois, a mulher a Samuel, gritou em alta voz; e a mulher falou a Saul, dizendo: Por que me tens enganado? pois tu mesmo és Saul. / E o rei lhe disse: Não temas; porém que é o que vês? / Então a mulher disse a Saul: Vejo deuses que sobem da terra. / E lhe disse: Como é a sua figura? E disse ela: Vem subindo um homem ancião, e está envolto numa capa. / Entendendo Saul que era Samuel, inclinou-se com o rosto em terra, e se prostrou. Samuel disse a Saul: Por que me desinquietaste, fazendo-me subir? / Então disse Saul: Mui angustiado estou, porque os filisteus guerreiam contra mim, e Deus se tem desviado de mim, e não me responde mais, nem pelo ministério dos profetas, nem por sonhos; por isso te chamei a ti, para que me faças saber o que hei de fazer. / Então disse Samuel: por que, pois, a mim me perguntas, visto que o Senhor se tem desamparado, e se tem feito teu inimigo? Porque o Senhor tem feito para contigo como pela minha boca te disse, e tem rasgado o reino da tua mão, e o tem dado ao teu companheiro Davi. Como tu não deste ouvidos à voz do Senhor, e não executaste o fervor da sua ira contra Amaleque, por isso o Senhor te fez hoje isto. E o Senhor entregará também a Israel contigo na mão dos filisteus, e amanhã tu e teus filhos estareis comigo; e o arraial de Israel o Senhor entregará na mão dos filisteus. / E imediatamente Saul caiu estendido por terra, e grandemente temeu por causa daquelas palavras de Samuel; e não houve força nele, porque não tinha comido pão todo aquele dia e toda aquela noite." (I *Samuel*, 28:3 a 20, *A Bíblia Sagrada,* trad. J. Ferreira de Almeida.)

*A célebre consulta mediúnica do rei Saul dirigida
ao profeta Samuel (Espírito)*

Esta antiga e bela ilustração da Idade Média, de autor desconhecido (do livro *Kayserchronik,* Baviera, século XIV), mostra-nos o fantasma do profeta Samuel com características que lembram as imagens usuais mais modernas das aparições: veste-se com uma túnica alva, seu rosto, embora pálido, não difere do tom branco dos rostos dos demais personagens, e seus traços revelam nítida corporeidade.

Embora a iconografia dessa passagem bíblica possa sugerir que o profeta Samuel se ergue do próprio túmulo, acreditamos que o artista quis apenas caracterizá-lo como espectro (vinculado ainda a um túmulo), pois para ser fiel ao texto bíblico, o local se passa na cidade onde residia a pitonisa e não em Ramá, onde ele foi sepultado.

Na cena, a médium (pitonisa), ao lado dos dois homens que

acompanhavam o rei Saul, faz um gesto sugestivo de apresentação do profeta, já desencarnado, aos visitantes, embora, no relato bíblico, invisível aos olhos deles, mas detectado pela sua clarividência.

A pitonisa de Endor, uma médium fiel

A consulta do rei Saul através da médium de En-Dor é tida como o "único relato bíblico de fantasma" no Velho Testamento, quando não consideram a materialização parcial de uma mão no banquete de Baltazar.

Esse episódio motivou inúmeros comentários desde os primeiros séculos da Igreja e, também, uma iconografia relativamente rica, a partir do século XII.

Do ponto de vista espírita, a comunicação de Samuel tem todas as características de fidelidade mediúnica. A sensitiva, embora amedrontada com a proibição da prática de seus dons – incompreensão, e muitas vezes perseguição, que sempre houve com os médiuns em todas as épocas da Humanidade –, desempenhou com equilíbrio a sua função de intermediária entre os dois Mundos.

O relato da pitonisa, que surpreendentemente identificou o rei camuflado, foi suficiente para convencer Saul, que se prostrou diante do Espírito. O diálogo entre eles (pela psicofonia da pitonisa ou pelo fenômeno da voz direta?) mostrou-se perfeitamente coerente com os fatos que motivaram a consulta. Inclusive as previsões, de que Saul e seus filhos morreriam brevemente e David seria o próximo rei, se cumpriram totalmente.

Portanto, a qualificação de que a médium de Endor trabalhava com o "Espírito de Piton" não procede. Sabe-se que naquela época os judeus ortodoxos, que só admitiam o profetismo oficial, reconhecido pela autoridade sacerdotal, consideravam os praticantes do profetismo popular, isto é, os médiuns do povo, como portadores do "espírito de Piton", que significava mau Espírito. E, no nosso caso, a manifestação mediúnica do profeta Samuel não se assemelha com as comunicações de Espíritos de ordem inferior.

Léon Denis, analisando este episódio bíblico em suas Notas complementares (nº 6), da obra *Cristianismo e Espiritismo* (FEB)) afirmou: "A cena descrita pela Bíblia é de uma imponência grandiosa; oferece todos os caracteres de uma elevada manifestação."

6 - ANUNCIAÇÃO

ANUNCIAÇÃO, de Leonardo da Vinci (?) (afresco – c. 1478 (?), Itália)

"Anúncio do nascimento de Jesus

E, no sexto mês, foi o anjo Gabriel enviado por Deus a uma cidade da Galiléia, chamada Nazaré, a uma virgem desposada com um varão, cujo nome era José, da casa de Davi; e o nome da virgem era Maria. E, entrando, o anjo aonde ela estava, disse: Salve, agraciada, o Senhor é contigo, bendita és tu entre as mulheres. E vendo-o, ela turbou-se muito com aquelas palavras, e considerava que saudação seria esta. Disse-lhe então o anjo: Maria, não temas, porque achaste graça diante de Deus; e eis que em teu ventre conceberás e darás à luz um filho, e pôr-lhe-ás o nome de Jesus. Este será grande, e será chamado filho do Altíssimo; e o Senhor Deus lhe dará o trono de Davi, seu pai. E reinará eternamente na casa de Jacó, e o seu reino não terá fim. E disse Maria ao anjo: Como se fará isto, visto que não conheço varão? E, respondendo o anjo, disse-lhe: Descerá sobre ti o Espírito Santo, e a virtude do Altíssimo te cobrirá com a sua sombra; pelo que também o Santo, que de ti há de nascer, será chamado Filho de Deus. E eis que também Isabel, tua prima, concebeu um filho em sua velhice, e é este o sexto mês para aquela que era chamada estéril; porque para Deus nada é impossível. Disse então Maria: Eis aqui a serva do Senhor, cumpra-se em mim segundo a tua palavra. E o anjo ausentou-se dela." (*Lucas,* 1:26 a 38)

O anúncio do nascimento de Jesus, registrado pelo evangelista

Lucas, é um dos episódios bíblicos que mais motivaram os grandes gênios da pintura.

Assim, encontramos inúmeros e belos trabalhos inspirados neste tema, mas foi este afresco, de provável autoria de Leonardo, o de nosso maior agrado, incluindo aqui a opinião de um grupo de amigos, por estampar, a nosso ver, com mais fidelidade, o cenário desse notável fato mediúnico.

O Espírito superior (Anjo) Gabriel, encarregado da anunciação, é retratado com vestimenta simples, em plena volitação e sem a tradicional asa, habitualmente utilizada pelos grandes pintores do passado, que sabemos desnecessária para a locomoção de tais Entidades.

E, Maria, igualmente com trajes simples, num gesto que revela sua profunda reverência diante do visitante dos Planos mais altos, e uma sincera aceitação dos desígnios superiores ao dizer: "Eis aqui a serva do Senhor; cumpra-se em mim segundo a tua palavra."

Um afresco de Leonardo da Vinci?

Em busca da identificação deste afresco, que não apresenta a assinatura do Autor, recorremos, inclusive, a amigos da cidade de Milão, Itália, que após exaustiva pesquisa conseguiram colher as seguintes informações: "1 – o autor é italiano; 2 – a obra teria sido realizada no período de 1400 a 1500; e 3 – poderia ser uma interpretação 'lombarda' do renascimento florentino."

Com base nestes informes e em alguns detalhes desse afresco – tais como: 1 – a beleza e a perfeição dos traços gerais, inclusive fisionômicos; 2 – a obra inacabada; 3 – o Anjo Gabriel com o dedo de uma de suas mãos apontando para cima, como acontece em muitas de suas pinturas, caracterizando esse dedo enigmático que, em geral, aponta para cima, uma marca registrada de Leonardo – acreditamos que o seu autor foi o genial artista florentino nascido em Vinci, no ano de 1452, autor de muitas obras inacabadas, pois aplicava sua excepcional genialidade em múltiplas direções.

A mediunidade de Maria

No episódio da Anunciação, o evangelista relata que Maria conversou serenamente com o Mensageiro espiritual, naturalmente vendo-o e ouvindo-o com clareza.

Neste fato, evidentemente mediúnico, qual teria sido o processo utilizado que permitiu tão importante diálogo?

Entendemos que Gabriel, Espírito muito evoluído, encontraria recursos para desempenhar sua missão. Assim, poderia ter-se materializado ou estimulado, naquele momento, a sensibilidade mediúnica latente de Maria, tanto clarividente, como clariaudiente.

Os relatos bíblicos não apresentam fatos que indicam alguma participação de Maria como médium ativa. Mas sabemos que a mediunidade intuitiva, inata em todas as criaturas, em graus os mais diversos, é naturalmente muito desenvolvida em pessoas que já alcançaram um alto grau de evolução espiritual, permitindo fácil sintonia com os Mensageiros da Luz.

E, portanto, podemos deduzir que a Mãe de Jesus, incluída nesta categoria, possuía, com certeza, elevado potencial intuitivo (ou inspirativo).

Mas, segundo preciosa revelação de André Luiz, no seu livro *Mecanismos da Mediunidade* (Francisco C. Xavier e Waldo Vieira, FEB, cap. XXVI.), que transcreveremos a seguir, a participação de Maria como médium foi muito mais importante do que poderíamos imaginar:

"Médiuns Preparadores – Para recepcionar o influxo mental de Jesus, o Evangelho nos dá notícias de uma pequena congregação de médiuns, à feição de transformadores elétricos conjugados, para acolher-lhe a força e armazená-la, de princípio, antes que se lhe pudessem canalizar os recursos.

E longe de anotarmos aí a presença de qualquer instrumento psíquico menos seguro do ponto de vista moral, encontramos importante núcleo de medianeiros, desassombrados na confiança e corretos na diretriz.

Informamo-nos, assim, nos apontamentos da Boa Nova, de que

Zacarias e Isabel, os pais de João Batista, precursor do Médium Divino, "eram ambos justos perante Deus, andando sem repreensão, em todos os mandamentos e preceitos do Senhor" (20), que Maria, a jovem simples de Nazaré, que acolheria o Embaixador Celeste nos braços maternais, se achava "em posição de louvor diante do Eterno Pai" (21), que José da Galiléia, o varão que o tomaria sob paternal tutela, "era justo" (22), que Simeão, o amigo abnegado que o aguardou em prece, durante longo tempo, "era justo e obediente a Deus" (23), e que Ana, a viúva que o esperou em oração, no templo de Jerusalém, por vários lustros, vivia "servindo a Deus". (24)

Nesse grupo de médiuns admiráveis, não apenas pelas percepções avançadas que os situavam em contacto com os Emissários Celestes, mas também pela conduta irrepreensível de que forneciam testemunho, surpreendemos o circuito de forças a que se ajustou a onda mental do Cristo, para daí expandir-se na renovação do mundo."

Talento artístico e genialidade notável de Leonardo da Vinci

Nasceu em Vinci, vilarejo italiano, em 15 de abril de 1452, e deixou o Plano Físico no castelo de Cloux, perto de Ambroise, França, a 2 de maio de 1519.

Além de pintor, desenhista e escultor, realizou estudos e pesquisas em vários campos do saber – tais como: física, geometria, arquitetura, urbanismo, geologia, astronomia, anatomia –, revelando sua genialidade em todos eles.

Da Vinci trouxe novos avanços à pintura. "Ao longo de sua obra, todo relevo será dado ao contraste entre luz e sombra, e, principalmente, ao movimento; com o *sfumato,* que dilui as figuras humanas na atmosfera, Leonardo realiza a síntese admirável entre modelo e paisagem." *(Enciclopédia Mirador)* Com suas anotações sobre pintura, organizou-se, em 1651, a obra *Trattato della Pintura.*

Mona Lisa e *A Última Ceia* são as suas pinturas mais famosas.

"(20) Lucas, 1:5. (21) Lucas, 1:30. (22) Mateus, 1:19. (23) Lucas, 2:25. (24) Lucas, 2:37."

7 - A TRANFIGURAÇÃO

A TRANFIGURAÇÃO, de Rafael (4,05 x 2,7 m – 1517/20, Pinacoteca Vaticana, Roma) – Parte Superior.

"A Transfiguração

Seis dias depois, tomou Jesus consigo a Pedro, Tiago e a João, seu irmão, e os conduziu em particular a um alto monte. E transfigurou-se diante deles; e o seu rosto resplandeceu como o Sol, e os seus vestidos se tornaram brancos como a luz. E eis que lhes apareceram Moisés e Elias, falando com ele. E Pedro, tomando a palavra, disse a Jesus: Senhor, bom é estarmos aqui; se queres, façamos aqui três tabernáculos, um para ti, um para Moisés, e um para Elias. E, estando ele ainda a falar, eis que uma nuvem luminosa os cobriu. E da nuvem saiu uma voz que dizia: Este é o meu amado Filho, em quem me comprazo: escutai-o. E os discípulos, ouvindo isto, caíram sobre seus rostos, e tiveram grande medo. E aproximando-se Jesus, tocou-lhes, e disse: Levantai-vos, e não tenhais medo. E, erguendo eles os olhos, ninguém viu senão unicamente a Jesus. E, descendo eles do monte, Jesus lhes ordenou, dizendo: A ninguém conteis a visão, até que o Filho do homem seja ressuscitado dos mortos. E os seus discípulos o interrogaram, dizendo: Por que dizem então os escribas que é mister que Elias venha primeiro? E Jesus, respondendo, disse-lhes: Em verdade Elias virá primeiro, e restaurará todas as coisas. Mas digo-vos que Elias já veio, e não o conheceram, mas fizeram-lhe tudo o que quiseram. Assim farão eles também padecer o Filho do homem. Então entenderam os discípulos que lhes falara de João Batista." (*Mateus*, 17:1 a 13*)*

Esta belíssima tela é o último trabalho de Rafael. Ela não estava pronta quando ele desencarnou, e, posteriormente, os seus assistentes completaram a pintura, atuando especialmente na parte inferior.

Nesta obra, "a perfeição máxima" segundo Vasari, observa-se "o ponto final de suas pesquisas de luz, perspectiva e composição" e "uma tensão inusitada na arte suave e delicada de Rafael" *(Enciclopédia Mirador)*. Nela, o genial artista registrou dois episódios bíblicos que estão em seqüência nos Evangelhos, conforme os registros de Mateus, Marcos e Lucas: na parte superior, a Transfiguração no monte Tabor e, na parte inferior, que será analisada no próximo Capítulo, o caso do jovem lunático (endemoninhado) curado por Jesus, ocorrido logo que Ele e os três discípulos desceram do monte.

Na parte superior é enfocado o momento em que a nuvem luminosa cobriu o Mestre e os dois Espíritos, dando a aparência de levitação (o que não ocorreu), podendo se identificar Moisés pela Tábua da Lei que ele sustenta junto de si.

As duas criaturas que aparecem à esquerda, ajoelhadas, com postura de adoração, não são citadas em nenhum dos três textos evangélicos que registraram o episódio. Mas, provavelmente, o artista retratou dois Apóstolos na cena da Transfiguração para completar o colégio apostólico, isto é, considerando os três que estão ao lado de Jesus e o grupo dos sete, situados na Parte Inferior da tela, à esquerda ao lado de dois escribas assentados, sendo que alguns populares se reúnem ao lado do jovem lunático.

Quatro fenômenos notáveis numa sublime reunião mediúnica

Narram os Evangelhos que o fenômeno da *transfiguração* de Jesus aconteceu no alto do monte Tabor, localizado a 11 quilômetros da cidade de Nazaré, com 588 metros acima do nível do mar e aproximadamente 300 metros em relação à base.

Portanto, um local muito isolado, propício para uma reunião mediúnica especial. Tão especial, que foram convidados "em particular" somente Pedro e os irmãos João e Tiago, os três discípulos que mais se destacariam no colégio apostólico, "considerados como as colunas" pelo apóstolo Paulo. (*Gálatas,* 2:9)

Sabe-se que a transfiguração é um fenômeno mediúnico raro em que o médium apresenta as feições do Espírito comunicante. Mas há também a possibilidade, raríssima, de haver uma mudança fisionômica associada a forte luminosidade emanada do próprio médium ou/e de elevadas Entidades Espirituais em sintonia com ele.

No episódio do Tabor, Mateus registrou: "o rosto de Jesus resplandeceu como o Sol e os seus vestidos se tornaram brancos como a luz", e Lucas (9:29) assim detalhou aquele momento: "E, estando ele orando, transfigurou-se a aparência do seu rosto, e o seu vestido ficou branco e mui resplandecente."

Analisando esta passagem evangélica, Allan Kardec elucidou: "a pureza do perispírito de Jesus permitiu ao seu Espírito dar-lhe um brilho excepcional." (*A Gênese,* IDE, cap. XV, q. 44.)

Em prece a Jesus, Irmão X (Espírito) também abordou esta passagem com as seguintes palavras: "(...) não apenas ensinaste a bondade, praticando-a impecavelmente, mas revelaste os segredos da morte. Conversaste com as almas desencarnadas padecentes, através dos enfermos que Te procuravam, transfiguraste as próprias energias no cimo do Tabor, dando ensejo a que se materializassem, diante dos discípulos extáticos, Espíritos gloriosos de Tua equipe celeste." (*Antologia Mediúnica do Natal,* Espíritos Diversos, F. C. Xavier, FEB, cap. 25.)

E qual a grande lição da transfiguração do Cristo?

Emmanuel responde-nos:

"Todas as expressões do Evangelho possuem uma significação divina e, no Tabor, contemplamos a grande lição de que o homem deve viver sua existência, no mundo, sabendo que pertence ao Céu, por sua sagrada origem, sendo indispensável, desse modo, que se desmaterialize, a todos os instantes, para que se desenvolva em amor e sabedoria, na sagrada exteriorização da virtude celeste, cujos germens lhe dormitam no coração." (*O Consolador,* F. C. Xavier, FEB, q. 310.)

※ ※ ※

Nos acontecimentos do Tabor, além do fenômeno de transfiguração, surgiram, ao lado de Jesus, os Espíritos de Moisés e Elias. Foi uma *materialização* ou ectoplasmia tão perfeita que Pedro propôs ao Mestre que erguessem tendas para acolhê-los.

É evidente que o Cristo, Diretor Espiritual da Terra, convocou seus dois grandes missionários para aquele sublime momento, quando revelou aos discípulos a perfeita conexão entre o Velho Testamento e o Novo que estava sendo implantado.

Moisés, grande médium e legislador, havia trazido ao planeta, há aproximadamente 1.300 anos, com os Dez Mandamentos, a Primeira Revelação Divina.

E Elias tinha sido um destacado profeta, aproximadamente 800 anos antes, e, há pouco tempo, havia desencarnado na figura do precursor João Batista.

Muito interessante é que o próprio Moisés, comunicando-se, em Espírito, agora com o Plano Físico, foi o mesmo que proibira, com rigor, nos livros *Deuteronômio* (18:9-11) e *Levítico* (19:31), o intercâmbio com os mortos, decisão compreensível, segundo Emmanuel, "em vista da necessidade de afastar a mente humana de cogitações prematuras" (*Caminho, Verdade e Vida,* F.C. Xavier, FEB, cap.9.) e considerando que "a época de Moisés não comportava as indagações do Invisível, porquanto o comércio com os desencarnados se faria com um material humano excessivamente grosseiro e inferior." (*O Consolador,* q. 274.)

* * *

Naquela extraordinária reunião ainda ocorreram: um grandioso *fenômeno luminoso* (psicofotismo): "uma nuvem luminosa os cobriu" e o fenômeno da *voz direta,* quando da nuvem saiu uma voz da revelação divina que dizia: "Este é o meu amado Filho, em quem me comprazo, escutai-o", fato idêntico ao ocorrido quando Jesus foi batizado por João Batista. (*Mateus* 3:17)

João Batista, Elias reencarnado

Além dos quatro notáveis fenômenos, naquele dia uma informação importante ainda seria revelada aos discípulos.

O profeta Elias, naquela época já desencarnado há aproximadamente 800 anos, era esperado pelos judeus como precursor do tão aguardado Messias (ou Cristo), anunciado pelos profetas, há séculos, que seria enviado por Deus como o redentor para salvar o mundo e Israel, isto é, restaurar o poder temporal da pátria judaica.

Portanto, em face da nova confirmação pela Voz celestial: "Este é o meu amado Filho", é compreensível a seguinte pergunta dos discípulos, estranhando que só naquele momento, no Tabor, surgiu Elias, não agindo portanto como precursor de Jesus: "Por que dizem então os escribas que é mister que Elias venha primeiro?" (*Malaquias,* 4:5)

E a resposta do Mestre foi suficientemente cristalina: "Elias já veio e não o conheceram, mas fizeram-lhe tudo o que quiseram. Assim farão eles também padecer o Filho do homem.", permitindo um entendimento perfeito dos discípulos: "Então entenderam que lhes falara de João Batista."

Sim, Elias reencarnado na figura de João Batista, havia sido, recentemente, decapitado e, brevemente, o Cristo seria crucificado.

E por que, materializado, João Batista se apresentou como Elias, sem os seus conhecidos traços físicos da última reencarnação?

Sabemos que os Espíritos Superiores têm poder mental para imprimir em seu corpo espiritual (perispírito) a aparência que lhe seja conveniente. E nesse episódio, com certeza, havia razões para esse procedimento, entre elas, a confirmação da revelação do profeta Malaquias e da Lei das Vidas Sucessivas.

É também oportuno recordar o capítulo 1 do *Evangelho* de Lucas, que registra a mensagem do Anjo Gabriel ao velho Zacarias, anunciando-lhe o nascimento de seu futuro filho João Batista. Naquele momento, o Anjo afirmou-lhe: "Ele precederá o Senhor com o espírito e virtude do profeta Elias (...) e assim preparar para o Senhor um povo bem disposto." (vers. 17)

No encontro com Nicodemos, Jesus foi, igualmente, muito claro: "Se um homem não renascer da água e do Espírito não pode entrar no reino de Deus. (...) é preciso que nasçais de novo." (*João,* 3:1 a 12)

E com a revelação dos Espíritos, que permitiram a Codificação Espírita, realizada por Kardec, a Reencarnação foi detalhadamente esclarecida, mostrando-nos que somente essa lei universal, que confere ao ser humano todas as condições para o seu progresso espiritual, permite-nos entender toda a extensão da justiça e da misericórdia do nosso Pai Celestial.

Rafael, um artista excepcional

Raffaello Sanzio ou Santi, aport. Rafael, célebre pintor, escultor e arquiteto italiano, nasceu em Urbino a 6 de abril de 1483 e deixou o mundo físico em Roma a 6 de abril de 1520.

Ao lado de Leonardo da Vinci e Miguel Ângelo, ele personifica o grande gênio artístico do Renascimento. "Com sua arte nobre e elegante, de grande perfeição técnica", reunindo "vivacidade dos movimentos, harmonia das linhas e delicadeza do colorido", tornou-se o pintor da moda, o artista mais requisitado pelo Vaticano.

Deixou grande número de obras-primas, dentre elas: *A Disputa do Sacramento, A Escola de Atenas, A Santa Família, Madona Sistina, Retrato do Cardeal, A Libertação de São Pedro. (Mirador)*

8 - A TRANSFIGURAÇÃO

A TRANSFIGURAÇÃO, de Rafael – Parte Inferior

"O jovem lunático (endemoninhado)

E, quando se aproximou dos discípulos, viu ao redor deles grande multidão, e alguns escribas que disputavam com eles. (...) E um da multidão disse: Mestre, trouxe-te o meu filho, que tem um espírito mudo; e este, onde quer que o apanha, despedaça-o, e ele espuma, e range os dentes, e vai-se secando; e eu disse aos teus discípulos que o expulsassem, e não puderam. E ele, respondendo-lhes, disse: Ó geração incrédula! até quando estarei convosco? até quando vos sofrerei ainda? Trazei-mo. E trouxeram-lho; e, quando ele o viu, logo o espírito o agitou com violência, e, caindo o endemoninhado por terra, revolvia-se, espumando. E perguntou ao pai dele: Quanto tempo há que lhe sucede isto? E ele disse-lhe: Desde a infância; e muitas vezes o tem lançado no fogo, e na água, para o destruir; mas, se tu podes fazer alguma coisa, tem compaixão de nós, e ajuda-nos. E Jesus disse-lhe: Se tu podes crer, tudo é possível ao que crê. E logo o pai do menino, clamando, com lágrimas, disse: Eu creio, Senhor! ajuda a minha incredulidade. E Jesus vendo que a multidão concorria, repreende o espírito imundo, dizendo-lhe: Espírito mudo e surdo, eu te ordeno: Sai dele e não entres mais nele. E ele, clamando, e agitando-o com violência, saiu; e ficou o menino como morto, de tal maneira que muitos diziam que estava morto. Mas Jesus, tomando-o pela mão, o ergueu, e ele se levantou. E, quando entrou em casa, os seus discípulos lhe perguntaram à parte: Por que o não pudemos nós expulsar? E disse-lhes: Esta casta não pode sair com coisa alguma, a não ser com oração e jejum." (*Marcos,* 9:14 a 29)

Nesta Parte inferior da famosa tela *Transfiguração,* retratando a cena que se desenrolou após os fenômenos mediúnicos ocorridos no cimo do Tabor, o genial Rafael colocou com hábil dramaticidade, como figuras principais, o pai aflito sustentando em seus braços o filho doente, de olhos esbugalhados, que ele mesmo rotulou de endemoninhado.

À esquerda, situam-se, assentados, dois escribas, um empunhando um grande livro e o outro aponta para o Cristo. Igualmente, deste lado, vê-se um grupo de apóstolos (sendo que um deles também aponta para Jesus) que aguarda o retorno do Mestre e três companheiros que haviam se dirigido para o alto do monte Tabor. Ao indicarem com a mão (ou dedo indicador) a figura do Nazareno, estavam assinalando, com certeza, quem curaria a terrível enfermidade daquele jovem... Observa-se, assim, uma significativa integração de duas cenas bíblicas numa mesma tela.

Jesus, o pioneiro número um da desobsessão

Nesta passagem evangélica, como em muitas outras, o Nazareno curou doentes chamados *endemoninhados,* isto é, criaturas acometidas de uma enfermidade provocada pelo *demônio.*

E quem são os demônios à luz do Espiritismo?

Temos de partir do princípio de que Deus é Pai de todas as criaturas, assistindo aos seus filhos, indistintamente, com bondade, misericórdia e justiça infinitas. Assim, fomos criados simples e ignorantes, mas destinados à perfeição que se alcançará com o progresso intelectual e o progresso moral, obedecendo a uma Lei Divina ou Natural. *(O Livro dos Espíritos,* Allan Kardec, IDE, Livro Terceiro, Lei do Progresso.)

Podemos classificar todos os seres que vivem na crosta terrestre e em outros Mundos habitados, incluindo os respectivos Planos Espirituais, em várias categorias evolutivas, isto é, em todos os graus de adiantamento moral e intelectual.

Nas categorias inferiores existem Espíritos, encarnados ou desencarnados, ainda profundamente inclinados para o mal, prejudicando seriamente os seus semelhantes. Aqui estariam classificados os chamados *demônios,* mas na Doutrina Espírita não se usa essa expressão, porque ela é habitualmente utilizada para caracterizar seres perversos, eternamente voltados para o mal, conceito errôneo que contraria profundamente o Amor Paternal do Criador. Basta lembrarmo-nos de duas Parábolas do Cristo: da Ovelha perdida e do Filho pródigo (*Lucas,* 15:1 a 7 e 11 a 32.)

Sabemos que o intercâmbio mental, com base nos princípios de sintonia, entre encarnados e desencarnados é intenso, pois todas as criaturas têm o seu grau de mediunidade. As influências espirituais sobre a mente humana podem ser boas ou más; quando de Espíritos inferiores, elas podem provocar perturbações, ou mesmo enfermidades, de vários graus, caracterizando as *obsessões.*

O amplo socorro, esclarecedor e magnético, aos obsediados e obsessores é um trabalho humanitário habitual nos Centros Espíritas, quando então se busca seguir as pegadas do Mestre que, por exemplo, ao atender o endemoninhado gadareno (*Lucas,* 8:26 a 39), vemo-lo "a conversar fraternalmente com o obsesso que lhe era apresentado, ao mesmo tempo que se fazia ouvido pelos desencarnados infelizes." (Emmanuel, Prefácio de *Desobsessão,* André Luiz, F.C. Xavier e W. Vieira, FEB.)

Realmente, conforme assinala André Luiz na abertura do livro acima citado: "o pioneiro número um da desobsessão, esclarecendo Espíritos infelizes e curando obsidiados de todas as condições, foi exatamente Jesus."

9 - OS DISCÍPULOS DE EMAÚS

OS DISCÍPULOS DE EMAÚS, de Rembrandt (68 x 65 cm – 1648, Museu do Louvre, Paris)

"Dois discípulos no caminho de Emaús

E eis que no mesmo dia (da ressurreição) iam dois deles para uma aldeia, que distava de Jerusalém sessenta estádios, cujo nome era Emaús: e iam falando entre si de tudo aquilo que havia sucedido. E aconteceu que (...) o mesmo Jesus se aproximou, e ia com eles; mas os olhos deles estavam como que fechados, para que não o conhecessem. (...) E chegaram à aldeia para onde iam, e ele fez como quem ia para mais longe. E eles o constrangeram, dizendo: Fica conosco, porque já é tarde, e já declinou o dia. E entrou para com eles. E aconteceu que, estando com eles à mesa, tomando o pão, o abençoou e partiu-o, e lho deu. Abriram-se-lhes então os olhos, e o conheceram, e ele desapareceu-lhes. E disse um para o outro: Porventura não ardia em nós o nosso coração quando, pelo caminho, nos falava, e quando nos abria as Escrituras? E na mesma hora, levantando-se, tornaram para Jerusalém, e acharam congregados os onze, e os que estavam com eles. Os quais diziam: Ressuscitou verdadeiramente o Senhor, e já apareceu a Simão. E eles lhes contaram o que lhes acontecera no caminho, e como deles foi conhecido no partir do pão." (*Lucas,* 24:13 a 16 e 28 a 35.)

Momento culminante do reencontro com os discípulos

O genial pintor holandês Rembrandt, neste quadro de singela

beleza, enfoca o lance culminante do episódio de Emaús, quando o Cristo, ao partir o pão, se faz aparecer de forma como era conhecido pelos discípulos.

Um intenso halo luminoso, destacado pelo maior mestre do claro-escuro, envolve Jesus, que é uma característica de Espírito elevadíssimo. A simplicidade, tanto d'Ele como dos dois aprendizes, é comovente, inclusive, apresentam-se descalços. O estalajadeiro, de pé, serve a mesa e observa a cena.

Logo em seguida, nada mais desejando esclarecer além do que lhes dissera na estrada, e com a revelação da Imortalidade já constatada por eles, o Mestre desapareceu diante dos olhares surpresos dos discípulos...

Ressurreição – uma luz a clarear, para sempre, a estrada cristã

Em suas últimas instruções aos discípulos, Jesus disse-lhes: "Ainda um pouco, e o mundo não me verá mais, mas vós me vereis; porque eu vivo, e vós vivereis. Na casa de meu Pai há muitas moradas; se não fosse assim, eu vo-lo teria dito; vou preparar-vos lugar. (...) e vos levarei para mim mesmo, para que onde estiver estejais vós também." (*João*, 14:2,3 e 19).

A promessa da ressurreição estava feita. Entendemos que após a crucificação, Ele deixaria o Plano Físico e, portanto, não mais seria visto sob condições comuns. Habitaria uma das "moradas da Casa do Pai" – um determinado local no Plano Espiritual, onde aguardaria os discípulos, isto é, o momento da desencarnação de cada um deles, quando viria buscá-los pessoalmente.

E, de fato, a Sua promessa foi cumprida pois, várias vezes, foi visto de forma inequívoca, segundo narrativas detalhadas de todos os evangelistas. "A realidade da ressurreição era a essência divina que daria eternidade ao Cristianismo". (Humberto de Campos, Espírito, *Boa Nova*, F.C. Xavier, FEB, cap. 22.)

E na condição de Diretor Espiritual de nosso planeta, de "Luz de todas as vidas terrestres" (Emmanuel, *A Caminho da Luz,* F.C. Xavier,

FEB, Introdução.), Jesus continua amparando e promovendo o progresso espiritual da Humanidade inteira.

Aparições de Jesus

As aparições de Jesus – segundo análise de Allan Kardec – "não apresentam nada de anormal com os fenômenos do mesmo gênero, cuja história, antiga e contemporânea, oferece numerosos exemplos, sem deles excetuar a tangibilidade. Observando-se as circunstâncias que acompanharam as suas diversas aparições, reconhece-se nele, nesses momentos, todos os caracteres de um ser fluídico. Ele aparecia inopinadamente e desaparecia do mesmo modo; foi visto por uns e não pelos outros sob aparências que não o fazem reconhecer, mesmo por seus discípulos; mostra-se em lugares fechados onde um corpo carnal não poderia penetrar; mesmo a sua linguagem não tem a verve de um ser corpóreo; tem o tom breve e sentencioso particular aos Espíritos que se manifestam dessa maneira; todas as suas atitudes, numa palavra, tem alguma coisa que não é do mundo terrestre. A sua visão causa, ao mesmo tempo, surpresa e medo; seus discípulos, vendo-o, não falam com a mesma liberdade; eles sentem que não é mais o homem.

Jesus, portanto, mostrou-se com seu corpo perispiritual, o que explica que não foi visto senão por aqueles aos quais quis se fazer ver; se tivesse o seu corpo carnal, seria visto pelo primeiro que chegasse, como quando vivo. Seus discípulos, ignorando a causa primeira do fenômeno das aparições, não se davam conta dessas particularidades, que provavelmente não notavam; eles viam Jesus e o tocavam, para eles deveria ser um corpo ressuscitado." (*A Gênese – Os Milagres e as Predições,* IDE, cap. XV, q. 61.)

10 - SÃO MATEUS

SÃO MATEUS, de Guido Reni (Pinacoteca do Vaticano, Roma)

O renomado pintor italiano Guido Reni realizou esta apreciada tela, que mereceu pertencer ao acervo da Pinacoteca Vaticana.

O trabalho, com colorido forte, veneziano, belo contraste claro-escuro e admirável mestria técnica, confere "vida" aos dois personagens.

Mateus redige o chamado primeiro *Evangelho,* sob a assistência de um Anjo (Espírito superior), num expressivo contato face a face, olho a olho, dando-nos a impressão de um diálogo fraterno.

Evidentemente, diante da importância do Evangelho para a Humanidade inteira, houve uma grande assistência espiritual a todos os evangelistas, no momento da redação dos textos.

A História não registrou o potencial mediúnico de Mateus, mas sabemos que foi muito desenvolvido, o mesmo ocorrendo com os demais apóstolos, no episódio da "descida do Espírito Santo", no dia de Pentecostes.

Portanto, é perfeitamente aceitável que ele teria, alguma vez, ou muitas vezes, visualizado o seu Espírito benfeitor – aqui retratado pela inspiração do artista – através da mediunidade de clarividência, além de receber informações pela intuição ou clariaudiência.

Mateus (Levi), um dos "irmãos do Senhor"

Os três evangelistas Mateus (9:9), Marcos (2: 13 e 14) e Lucas

(5: 27 e 28) informam, sob o título "A Vocação de Mateus", que Jesus, tornando a sair para o mar, passando, viu um publicano chamado Mateus (ou Levi), filho de Alfeu, sentado na alfândega, e disse-lhe: "Segue-me". E, levantando-se, o seguiu.

A aceitação de Mateus no apostolado, sendo publicano ou coletor de impostos, causou muitas incompreensões, pois era uma profissão repudiada e desprezada pelos judeus, mesmo tratando-se de pessoas de índole boa e honesta. Ele trabalhava em Cafarnaum, num local estratégico, junto ao cais do mar da Galiléia, por onde circulavam os pescadores com o produto do seu trabalho diário.

Conta-nos Humberto de Campos, Espírito, pela mediunidade de Francisco Cândido Xavier, "que Levi, Tadeu e Tiago, filhos de Alfeu e sua esposa Cleofas, parenta de Maria, eram nazarenos e amavam a Jesus desde a infância, sendo muitas vezes chamados 'os irmãos do Senhor', a vista de suas profundas afinidades afetivas".

"Nos primeiros dias do ano 30, antes de suas gloriosas manifestações, (...) o Mestre se encaminhou para o centro de Cafarnaum, onde se erguia a intendência de Ântipas. Entrou calmamente na coletoria e, avistando um funcionário culto, conhecido publicano da cidade, perguntou-lhe:

– Que fazes tu, Levi?

O interpelado fixou-o com surpresa; mas, seduzido pelo suave magnetismo de seu olhar, respondeu sem demora:

– Recolho os impostos do povo, devidos a Herodes.

– Queres vir comigo para recolher os bens do céu? – perguntou-lhe Jesus, com firmeza e doçura.

Levi, que seria mais tarde o apóstolo Mateus, sem que pudesse definir as santas emoções que lhe dominaram a alma, atendeu, comovido:

– Senhor, estou pronto!...

– Então, vamos – disse Jesus, abraçando-o."

(*Boa Nova,* FEB, cap. 3 e 5.)

Reni, célebre pintor italiano

Guido Reni (1575-1642), nascido e desencarnado em Bolonha, foi, em sua época, o mais famoso dos pintores italianos.

É comparado a Rafael pelo desenho, com impecável mestria técnica; e a Correggio, pelo claro-escuro.

Seus trabalhos mais elogiados são: *A Aurora e as Horas, Natividade, S.Miguel abate o demônio, Virgem no Trono, Costureiras.*

11- PENTECOSTES

PENTECOSTES, de El Greco (275 x 127 cm – 1609, Museu do Prado, Madrid)

"A descida do Espírito Santo

E, cumprindo-se o dia de Pentecostes, estavam todos reunidos no mesmo lugar; E de repente veio do céu um som, como de um vento veemente e impetuoso, e encheu toda a casa em que estavam assentados. E foram vistas por eles línguas repartidas, como que de fogo, as quais pousaram sobre cada um deles. E todos foram cheios do Espírito Santo, e começaram a falar noutras línguas, conforme o Espírito Santo lhes concedia que falassem. E em Jerusalém estavam habitando judeus, varões, religiosos, de todas as nações que estão debaixo do céu. E, correndo aquela voz, ajuntou-se uma multidão, e estava confusa, porque cada um os ouvia falar na sua própria língua. E todos pasmavam e se maravilhavam, dizendo uns aos outros: Pois quê! não são galileus todos esses homens que estão falando? Como pois os ouvimos, cada um, na nossa própria língua em que somos nascidos? Partos e medos, elamitas e os que habitam na Mesopotâmia, e Judéia, e Capadócia, Ponto e Ásia. E Frígia e Panfília, Egito e partes da Líbia, junto a Cirene, forasteiros romanos, tanto judeus como prosélitos. Cretenses e árabes, todos os temos ouvido em nossas próprias línguas falar das grandezas de Deus. E, todos se maravilhavam e estavam suspensos, dizendo uns para os outros: Que quer isto dizer? E outros, zombando, diziam: Estão cheios de mosto." (*Atos,* 2: 1 a 19)

Nesta linda tela, o célebre artista espanhol conseguiu reunir, de modo original, num espaço estreito, os doze apóstolos, já com Matias substituindo Judas, acompanhados de duas mulheres, todos em torno da figura serena e confiante de Maria, mãe de Jesus, também em prece, com os olhos voltados para o Alto.

Nessa célebre reunião, realizada no "cenáculo onde habitavam" (*Atos* 1:13), no dia de Pentecostes, todos se mostram emocionados com os fenômenos espirituais (línguas de fogo), em profunda concentração, em face de um momento tão elevado e significativo.

A imagem de forte foco de luz amarelada, tendo ao centro uma pomba branca, colocada no alto da tela, não faz parte do texto bíblico. Mas, como se tratava da "descida do Espírito Santo", o artista, provavelmente, lembrou-se do episódio do batismo de Jesus, quando "o Espírito Santo desceu sobre Ele em forma corpórea, como uma pomba". (*Lucas,* 3:22)

A presença de Nossa Senhora e duas outras mulheres – que poderiam ser, por exemplo, Maria Madalena (de Magdala), Joana ou Maria, mãe de Tiago, que testemunharam a Ressurreição ao lado do sepulcro vazio (*Lucas,* 24:10) – é surpreendente, pois não está registrada no episódio da "descida do Espírito Santo".

Porém, o capítulo anterior dos *Atos* (1:8) registra que, antes da Ascensão, o Mestre afirmou aos presentes: "recebereis a virtude do Espírito Santo que há de vir sobre vós" e naquele mesmo dia, de volta do monte das Oliveiras, os discípulos reuniram-se no cenáculo, onde habitavam, para orarem juntamente com as "mulheres e Maria, mãe de Jesus".

Assim, entendemos que a inclusão de Maria e duas mulheres perfeitamente sintonizadas com a seara cristã, foi uma bela inspiração do artista, pois elas também, em momento que ignoramos, foram agraciadas com o desenvolvimento mediúnico, muito importante para a elevada tarefa que desempenhariam na divulgação da Boa Nova.

Sobre todas as cabeças visualiza-se uma porção de luz (língua de fogo), da mesma cor amarelada do foco superior, simbolizando claramente a transferência de recursos (virtudes ou dons mediúnicos) que permitiram, a partir daquele momento sublime, o intercâmbio mental dos Apóstolos com os Espíritos superiores.

Portanto, a reunião realizada naquele humilde cenáculo foi uma extraordinária sessão de desenvolvimento mediúnico, que permitiu, a partir daquele momento, a transmissão de auxílios diversos e de elevados ensinamentos do Plano Espiritual para a Humanidade terrena.

"Mediunidade, alicerce de todas as realizações do Cristianismo, através dos séculos"

As manifestações mediúnicas são registradas desde as épocas mais recuadas no tempo, mas,nos primórdios do Cristianismo, o intercâmbio com o Além atingiu culminâncias notáveis.

Muito interessante é que a eclosão da mediunidade, a serviço da difusão do Evangelho, conforme ocorreu no dia de Pentecostes – tradicional festa judaica de peregrinação ao templo de Jerusalém, que se celebra cinqüenta dias (daí o nome Pentecostes) após a Páscoa, pela dádiva do Decálogo Divino, recebido mediunicamente por Moisés –, foi prevista muito tempo antes pelo profeta Joel, que, com estas palavras, registrou a informação do Plano Superior: "E nos últimos dias acontecerá, diz Deus, que do meu Espírito derramarei sobre toda a carne; e os vossos filhos e as vossas filhas profetizarão, os vossos mancebos terão visões, e os vossos velhos sonharão sonhos;" (2: 28 e 29)

Aliás, esta profecia foi citada pelo apóstolo Pedro em seu belo discurso esclarecedor, com certeza já mediunizado, logo após os fenômenos ocorridos no cenáculo, afastando a idéia de alguns críticos presentes que interpretaram, como causa dos fenômenos ocorridos, uma embriaguês dos discípulos. (*Atos*, 2: 14 a 36)

Ao prefaciar o livro *Mecanismos da Mediunidade* (André Luiz, F. C. Xavier, W. Vieira, FEB.), Emmanuel comentou, com estas palavras, o notável episódio ocorrido em Jerusalém:

"Toda a passagem do Mestre inesquecível, entre os homens, é um cântico de luz e amor, externando-lhe a condição de Medianeiro da Sabedoria Divina.

E, continuando-lhe o ministério, os apóstolos que se lhe

mantiveram leais converteram-se em médiuns notáveis, no dia de Pentecostes, quando, associadas as suas forças, por se acharem "todos reunidos", os emissários espirituais do Senhor, através deles, produziram fenômenos físicos em grande cópia, como sinais luminosos e vozes diretas, inclusive fatos de psicofonia e xenoglossia, em que os ensinamentos do Evangelho foram ditados em várias línguas, simultaneamente, para os israelitas de procedências diversas.

Desde então, os eventos mediúnicos para eles se tornaram habituais."

E o mesmo Mentor Espiritual, desenvolvendo o tema "Mediunidade", ao analisar o texto profético de Joel, citado pelo Apóstolo Pedro em seu discurso, assim concluiu suas observações:

"Desde esse dia, as claridades do Pentecostes jorraram sobre o mundo, incessantemente. Até aí, os discípulos eram frágeis e indecisos, mas, dessa hora em diante, quebram as influências do meio, curam os doentes, levantam o espírito dos infortunados, falam aos reis da Terra em nome do Senhor.

O poder de Jesus se lhes comunicara às energias reduzidas.

Estabelecera-se a era da mediunidade, alicerce de todas as realizações do Cristianismo, através dos séculos.

Contra o seu influxo, trabalham, até hoje, os prejuízos morais que avassalam os caminhos do homem, mas é sobre a mediunidade, gloriosa luz dos céus oferecida às criaturas, no Pentecostes, que se edificam as construções espirituais de todas as comunidades sinceras da Doutrina do Cristo e é ainda ela que, dilatada dos apóstolos ao círculo de todos os homens, ressurge no Espiritismo cristão, como a alma imortal do Cristianismo redivivo." (Emmanuel, Francisco C. Xavier, *Caminho, Verdade e Vida,* FEB, cap. 10.)

Com estilo inconfundível, El Greco entrou para a história da arte

Domenico Theotocopoulos, dito El Greco, pintor espanhol de origem grega, nasceu em Heracléia, na ilha de Creta, c. 1541 e desencarnou em Toledo, Espanha, em 1614.

Estudou pintura em Veneza e, a partir de 1577, radicou-se em Toledo. Com estilo pessoal e inconfundível, revelou-se um gênio da pintura. Sempre utilizou cores vivas, aprimorada técnica do claro-escuro e a deformação longilínea das figuras.

Pintou numerosas telas com tema religioso, dentre elas: *O Batismo de Cristo, A Ressurreição, Mater dolorosa, Enterro do conde de Orgaz,* sendo esta última a sua obra-prima.

12 - A LIBERTAÇÃO DE SÃO PEDRO

A LIBERTAÇÃO DE SÃO PEDRO, de Rafael (afresco, base de 660 cm – 1513/14, Stanza D'Eliodoro, Vaticano; detalhes)

"*Pedro é livre da prisão*

(...) o rei Herodes (...) mandando prender também a Pedro (...) querendo apresentá-lo ao povo depois da Páscoa.(...) mas a igreja fazia contínua oração por ele a Deus. E quando Herodes estava para o fazer nessa mesma noite comparecer, estava Pedro dormindo entre dois soldados, ligado por duas cadeias, e os guardas diante da porta guardavam a prisão. E eis que sobreveio o anjo do Senhor, e resplandeceu uma luz na prisão; e, tocando a Pedro na ilharga, o despertou, dizendo: Levanta-te depressa. E caíram-lhe das mãos as cadeias. E disse-lhe o anjo: Cinge-te, e ata as tuas alparcas. E ele o fez assim. Disse-lhe mais: Lança às costas a tua capa, e segue-me. E, saindo, o seguia. E não sabia que era real o que estava sendo feito pelo anjo, mas cuidava que via alguma visão. E, quando passaram a primeira e segunda guarda, chegaram à porta de ferro, que dá para a cidade, a qual se lhes abriu por si mesma; e, tendo saído, percorreram uma rua, e logo o anjo se apartou dele. E Pedro, tornando a si, disse: Agora sei verdadeiramente que o Senhor enviou o seu anjo, e me livrou da mão de Herodes, e de tudo o que o povo dos judeus esperava." (*Atos dos Apóstolos*, 12:1 a 11).

Asas, auréola e irradiação luminosa dos Anjos

O anjo, que desperta Pedro adormecido, é aqui representado, neste belíssimo detalhe do afresco de Rafael, com grandes asas e irradiando intensa luminosidade. É habitual, nas telas sacras, a representação de Anjos com asas. A inspiração dos artistas, nestes casos, é correta, no sentido figurativo, pois os Anjos, sendo Espíritos Superiores, se deslocam no espaço com grande facilidade, podendo superar, se quiserem, a velocidade da luz. (*O Livro dos Espíritos,* Kardec, q. 89 e *Ação e Reação,* André Luiz, F.C. Xavier, 15ª ed. FEB, 15ª ed., cap. 5, p. 70.)

Na realidade, habitualmente, eles não apresentam asas; a capacidade de locomoção (volitação) é própria do Espírito e, portanto, dispensam apêndices voadores. Evidentemente, se quiserem, com algum objetivo, poderão se apresentar com asas, bastando mentalizá-las. Interessante é que Jesus, em nenhuma de suas aparições narradas pelos quatro evangelistas, apresentou-se com asas.

E quanto à luminosidade que o Anjo irradia de todo o seu corpo, neste caso, muito intensa, por tratar-se de Espírito elevadíssimo, é a representação correta da *aura humana,* que envolve os seres encarnados e desencarnados.

Outro pormenor deste afresco, é a presença de uma *auréola* envolvendo a cabeça de Pedro, como ocorre habitualmente nas imagens sacras, onde um círculo brilhante e dourado orna a cabeça de Jesus e dos santos. Nesses casos, a inspiração artística é evidente e exata, pois, de fato, os Espíritos Superiores apresentam auréolas visíveis no Plano Espiritual.

A propósito, conta-nos André Luiz, Espírito, em seu livro acima citado (cap.6), que ao participar de uma reunião na Mansão Paz, escola de reajuste, localizada em região inferior de Mundo Espiritual, houve a materialização de um mentor de esfera mais alta com o objetivo de transmitir ordens e orientações variadas.

Ao se materializar, "vasta auréola de safirino esplendor coroava-lhe os cabelos brancos que nos infundiam inexcedível respeito, a derramar-se em sublimes cintilações na túnica simples e acolhedora que lhe velava o corpo esguio. (...) Após um minuto de silenciosa contemplação, levantou a destra, que despediu grande jorro de luz sobre nós, e saudou:

– A paz do Senhor esteja conosco.

(...) A claridade a irradiar-se do venerável visitante e a dignidade com que se nos revelava impunham-nos fervoroso respeito; entretanto, como querendo desfazer a impressão de nossa inferioridade, (...) avançou para nós, estendeu-nos as mãos num gesto paternal e colocou-nos à vontade."

O poder espiritual sobre os guardas e a matéria

Ao libertar Pedro, soltando-o das correntes e abrindo a porta de ferro da prisão, além de provocar, provavelmente, profundo sono magnético nos guardas, o enviado de Jesus agiu dentro das leis naturais, sem nenhum caráter sobrenatural e miraculoso, explicadas pelos Espíritos, ainda não catalogadas pela ciência.

Os fenômenos mediúnicos de efeitos físicos (no nosso caso, ação sobre as correntes e o portão), que se realizam graças à substância fluídica chamada ectoplasma, "tão antigos quanto o mundo, repousam sobre as propriedades do fluido perispiritual, seja de encarnados, seja de Espíritos livres. (...) é com este mesmo fluido que se manifesta agindo sobre a matéria inerte, que produz os ruídos, os movimentos de mesas e outros objetos que levanta, tomba ou transporta. Este fenômeno nada tem de surpreendente, considerando-se que, entre nós, os mais poderosos motores se encontram nos fluidos mais rarefeitos e mesmo imponderáveis, como o ar, o vapor e a eletricidade". (Kardec, *A Gênese – Os Milagres e as Predições segundo o Espiritismo,* IDE, cap. XIV, itens 40 e 41.)

"Representação contínua" em pintura
das mais importantes de Rafael

Em 1508, Rafael recebeu uma importante tarefa do Papa Júlio II, que o iria consagrar para sempre: decorar os aposentos papais (as Stanze), que correspondem a quatro salas do segundo andar do Palácio do Vaticano. Esses afrescos estão entre as mais notáveis criações do Renascimento. Só na decoração da primeira sala, a *Stanza della*

Segnatura (o local onde eram assinados os documentos oficiais), Rafael trabalhou durante três anos.

Dentre as decorações da *Stanza d'Eliodoro* – nome extraído de um dos seus afrescos, Heliodoro *Expulso do Templo* –, destaca-se *A libertação de São Pedro*. Esse afresco, onde o pintor revela toda a sua habilidade no uso do claro-escuro, com fulgurante reflexo das luzes, destacando-se a brilhante luminosidade da aura do Anjo, é considerado pelos críticos, como uma das suas obras-primas.

Nessa pintura, Rafael utilizou-se da chamada "representação contínua" para retratar simultaneamente dois momentos de um mesmo fato bíblico: no centro, o Anjo acorda S. Pedro, em profundo sono, e, à direita, solta-o da prisão.

13 - A CONVERSÃO DE SÃO PAULO

A CONVERSÃO DE SÃO PAULO, de Caravaggio (233 x 174 cm – 1600/1, Capela Cerasi, Santa Maria del Popolo, Roma)

"A conversão de Saulo no caminho de Damasco

E Saulo, respirando ainda ameaças e mortes contra os discípulos do Senhor, dirigiu-se ao sumo sacerdote. E pediu-lhe cartas para Damasco para as sinagogas, a fim de que, se encontrasse alguns daquela seita, quer homens quer mulheres, os conduzisse presos a Jerusalém. E, indo no caminho, aconteceu que, chegando perto de Damasco, subitamente o cercou um resplendor de luz do céu. E, caindo em terra, ouviu uma voz que lhe dizia: Saulo, Saulo, por que me persegues? E ele disse: Quem és, Senhor? E disse o Senhor: Eu sou Jesus, a quem tu persegues. Duro é para ti recalcitrar contra os aguilhões. E ele, tremendo e atônito, disse: Senhor, que queres que faça? E disse-lhe o Senhor: Levanta-te, e entra na cidade, e lá será dito o que te convém fazer. E os varões, que iam com ele, pararam espantados, ouvindo a voz, mas não vendo ninguém. E Saulo levantou-se da terra, e, abrindo os olhos, não via a ninguém. E, guiando-o pela mão, o conduziram a Damasco. E esteve três dias sem ver, e não comeu nem bebeu. E havia em Damasco um certo discípulo chamado Ananias; e disse-lhe o Senhor em visão: Ananias! E ele respondeu: Eis me aqui, Senhor. E disse-lhe o Senhor: Levanta-te, e vai à rua chamada Direita, e pergunta em casa de Judas por um homem de Tarso chamado Saulo; pois eis que ele está orando. E numa visão ele viu que entrava um homem chamado Ananias, e punha sobre ele a mão, para que tornasse a ver. E respondeu Ananias: Senhor, a muitos ouvi acerca deste homem, quantos males tem feito aos teus santos em Jerusalém; E aqui tem poder dos principais dos sacerdotes para prender a todos os que invocam o teu nome. Disse-lhe, porém, o Senhor: Vai, porque este é para mim um vaso escolhido, para levar o meu nome diante dos gentios, e dos reis e dos filhos de Israel. E eu lhe mostrarei quanto deve padecer pelo meu nome. E Ananias foi, e entrou na casa, e, impondo-lhe as mãos, disse: Irmão Saulo, o Senhor Jesus, que te apareceu no caminho por onde vinhas, me enviou, para que tornes a ver e sejas cheio do Espírito Santo. E logo lhe caíram dos olhos como que umas escamas, e recuperou a vista; e, levantando-se, foi batizado." (*Atos,* 9: 1 a 18)

Este afresco de grande expressividade, com realismo muito forte para os padrões da época, é uma das obras mais comentadas do genial Caravaggio. É um exemplo clássico da sua técnica inovadora, mostrando grande habilidade na utilização do claro-escuro.

Aqui, o personagem principal, Saulo, cai ao solo ao ser envolvido por um "resplendor de luz do céu", na estrada de Damasco. Um foco de luz suave, vindo do alto, clareia o ventre do cavalo e a face do futuro Apóstolo Paulo.

Na época, este trabalho não foi bem aceito, caracterizando uma revolução na iconografia religiosa. Aparentemente, o cavalo estava com maior destaque do que o santo... Mas, a simbologia do artista estava correta porque Saulo, no chão, representava a insignificância do homem diante das forças espirituais elevadas.

A visão e o diálogo com Jesus – o sublime coroamento de uma laboriosa preparação

Graças aos registros do Plano Espiritual, trazidos à Terra por Emmanuel, Espírito, através de seu romance histórico *Paulo e Estêvão* (médium Francisco C. Xavier, FEB, 7ª ed, 1ª Parte, cap. X, p. 195 a 199.), um clássico da literatura espírita, sabemos que a transformação íntima e profunda de Saulo de Tarso não foi repentina, somente decorrente da visão do Cristo na estrada de Damasco.

O perseguidor implacável dos cristãos se transformou no valoroso Paulo, o Apóstolo dos Gentios, após um período de preparação que se iniciou com o primeiro encontro com Estêvão.

Na sua exaustiva viagem à capital da Síria, em perseguição a Ananias, na véspera da chegada, "o moço tarsense sentia agravarem-se as recordações amargas que lhe assomavam constantes": o martírio de Estêvão determinado por ele mesmo... o sofrimento e a posterior conversão ao Cristianismo de sua noiva Abigail, irmã do próprio martirizado...

Em suas profundas e dolorosas meditações, "as noções da Lei de Moisés pareciam não lhe bastar à sede devoradora. Os enigmas do destino empolgavam-lhe a mente. O mistério da dor e dos destinos diferenciais crivava-o de enigmas insolúveis e sombrias interrogações. Entretanto, aqueles adeptos do carpinteiro crucificado ostentavam uma serenidade desconhecida!"

E ao se aproximar de Damasco, próximo ao meio-dia, Saulo "pareceu despertar de um grande pesadelo, atormentado pelas indagações profundas que lhe assoberbavam a mente."

Foi quando sentiu-se "envolvido por luzes diferentes da tonalidade solar. Intimamente, considera-se preso de inesperada vertigem após o esforço mental, persistente e doloroso. (...) Mas a confusão dos sentidos lhe tira a noção de equilíbrio e tomba do animal, ao desamparo, sobre a areia ardente."

E ele vê Jesus, Espírito, e escuta a Sua voz, com o desabrochar, naquele momento, das mediunidades de vidência e audição, e instintivamente fica de joelhos. Os seus companheiros de viagem o cercam, "sem nada ouvirem nem verem, não obstante haverem percebido, a princípio, uma grande luz no alto".

Quando Jesus disse: "– Não recalcitres contra os aguilhões!...", "Saulo compreendeu. Desde o primeiro encontro com Estêvão, forças profundas o compeliam a cada momento, e em qualquer parte, à meditação dos novos ensinamentos. O Cristo chamara-o por todos os meios e de todos os modos."

E, a partir daquele momento, ele "necessitava reformar o

patrimônio dos pensamentos mais íntimos; a visão de Jesus ressuscitado, aos seus olhos mortais, renovava-lhe integralmente as concepções religiosas."

Naquele instante supremo, Saulo concluiu que ele era uma ovelha perdida e Jesus se apresentava como o Pastor amigo que se dignou a salvá-lo carinhosamente.

E "ali mesmo, no santuário augusto do Espírito, fez o protesto de entregar-se a Jesus para sempre. (...) Banhado em pranto, como nunca lhe acontecera na vida, fez, ali mesmo, sob o olhar assombrado dos companheiros e ao calor escaldante do meio-dia, a sua primeira profissão de fé:

– Senhor, que quereis que eu faça?"

Caravaggio, um dos pintores mais originais

Michelangelo Merisi (c. 1562-1609), cognominado il Caravaggio, nascido na cidade de Caravaggio, é um dos mais famosos pintores italianos.

Em face de seu estilo ousado, realista demais para os padrões da época, várias vezes suas obras, encomendadas por igrejas, foram rejeitadas pelos padres. Ele revolucionou a técnica de utilização da luz, sendo sua arte, mais tarde, aproveitada e desenvolvida por outros artistas, que também se destacaram.

As obras-primas do pintor são: *Vocação de São Mateus, São Mateus e o Anjo e Martírio de São Mateus. (Mirador)*

14 - SÃO JOÃO, O EVANGELISTA, NA ILHA DE PÁTMOS

SÃO JOÃO, O EVANGELISTA, NA ILHA DE PÁTMOS, de Velázquez (Galeria Nacional, Londres)

"A Mulher e o Dragão

E viu-se um grande sinal no céu: uma mulher vestida do Sol, tendo a Lua debaixo dos seus pés, e uma coroa de doze estrelas sobre a sua cabeça. E estava grávida, e com dores de parto, e gritava com ânsias de dar à luz. E viu-se outro sinal no céu: e eis que era um grande dragão vermelho, que tinha sete cabeças e dez chifres, e sobre as suas cabeças sete diademas. E a sua cauda levou após si a terça parte das estrelas do céu, e lançou-as sobre a terra; e o dragão parou diante da mulher que havia de dar à luz, para que, dando à luz, lhe tragasse o filho. E deu à luz um filho, um varão que há de reger todas as nações com vara de ferro; e o seu filho foi arrebatado para Deus e para o seu trono. (...) E eles o venceram pelo sangue do Cordeiro e pela palavra do seu testemunho; e não amaram as suas vidas até à morte. (...) E, quando o dragão viu que fora lançado na terra, perseguiu a mulher que dera à luz o varão. (...) E o dragão irou-se contra a mulher, e foi fazer guerra ao resto da sua semente, os que guardam os mandamentos de Deus, e têm o testemunho de Jesus Cristo." *(Apocalipse do Apóstolo São João,* 12:1 a 5, 11, 13 e 17.)

Nesta expressiva obra sacra de Velázquez, grande representante da pintura barroca espanhola, João, o Evangelista, faz anotações de uma de suas visões que deram origem ao *Apocalipse*, último livro do *Novo Testamento*.

Surpreendentemente – à primeira vista –, o apóstolo não está representado com a idade avançada, fase de sua vida na qual escreveu suas visões mediúnicas, nem apresenta traços que caracterizam a raça judaica.Trata-se, porém, de um pintor, considerado o mais original de seu país, que, em muitos de seus famosos quadros, exaltando a nacionalidade, retratou personagens populares de seu país. Por exemplo, em *O Triunfo de Baco,* o deus do vinho, não obedecendo ao convencionalismo clássico, é simbolizado por um lavrador que recebe homenagens de velhos compônios bêbados.

E, como acontece em muitos outros trabalhos, aqui também Velázquez, "rudemente naturalista", não apresenta a religiosidade tão habitual na pintura de seus contemporâneos, tais como Murillo, Zurbarán e El Greco. (*Gênios da Pintura,* Abril Cultural, cap.19.)

Observa-se que João, o Evangelista, visualiza, entre nuvens, uma pequena figura de mulher com veste radiosa, a Lua sob seus pés e uma coroa de doze estrelas, conforme o relato bíblico.

"Essa MULHER, positivamente – elucida-nos Cairbar Schutel – não pode representar senão a RELIGIÃO. A sua vestidura como o Sol, representando a força criadora das almas; as doze estrelas sobre a sua cabeça, o que é uma alusão aos doze apóstolos, que a representam nas doze tribos de Israel; a Lua sob seus pés simbolizando as fases progressivas com que ela se apresenta, são sinais bem característicos para orientar-nos na interpretação da visão descrita pelo solitário de Pátmos.

O versículo 2 registra: A mulher "estava grávida, e com dores de parto, e gritava com ânsias de dar à luz." Este trecho é uma referência ao aparecimento do CRISTIANISMO, encarnado na pessoa de Jesus: 'O Verbo se fez carne e habitou entre nós'."

O versículo 3 informa outro sinal no Céu: um grande dragão vermelho. O que significa? "É o IMPÉRIO ROMANO; o vermelho representa a púrpura imperial; as sete cabeças com os diademas são os sete Césares: Julio César, Augusto, Tibério, Calígula, Cláudio, Nero e

Galba, que haviam reinado até o momento em que o desterrado de Pátmos recebera a revelação apocalíptica. Os dez chifres são os dez procônsules, governadores das províncias. As 'estrelas' significam os Espíritos assistentes do Império Romano."

Nos versículos seguintes, 4 e 5, o dragão ameaça a mulher que havia de dar à luz. E, de fato, deu à luz um filho, "um varão que há de reger todas as nações".

E, realmente, "o DRAGÃO com todo o seu poder (embora esse poder fosse por pouco tempo) perseguiu a MULHER (a Religião), que enviara ao mundo o seu dileto Filho (Jesus); e dessa perseguição resultou o desaparecimento do sentimento religioso do cenário da Terra".

Portanto, "a mensagem recebida pelo vidente realizou-se em toda a sua linha geral". (*Interpretação Sintética do Apocalipse,* Ed. O Clarim, cap. XII.)

João, o Evangelista, e Maria de Nazaré em Éfeso

João, pescador antes de tornar-se discípulo, era o mais jovem do colégio apostólico.

Filho de Zebedeu e Salomé, era irmão de Tiago (Maior), que também se destacou na seara de Jesus. Ambos eram muito chegados ao coração do Mestre, desde o instante do chamamento para a missão, "como se fossem irmãos bem-amados que se encontrassem depois de longa ausência, tocados pela força do amor que se irradiava do Cristo." [Humberto de Campos (Espírito), Francisco C. Xavier, *Boa Nova,* FEB, cap. 4)

Os Evangelhos relatam que foi o único discípulo que esteve ao pé da cruz do Calvário, ao lado de Maria e de outras mulheres cristãs. (Tomé também lá esteve, disfarçado com vestes diferentes, segundo *Boa Nova,* cap. 16 e 28.) Naquele momento, "Jesus disse a sua mãe: Mulher, eis aí o teu filho. Depois disse ao discípulo: Eis aí tua mãe." (*João,* 19: 26 e 27)

Conta-nos Humberto de Campos (Espírito) que, alguns anos após a crucificação, o Evangelista, já estabelecido em Éfeso (hoje, ruína histórica da Turquia, pouco distante do Mar Egeu), procurou Maria, morando com familiares na Palestina, convidando-a para residirem juntos. Pois João "nunca olvidara as recomendações do Senhor e, no íntimo, guardava aquele título de filiação como das mais altas expressões de amor universal para com aquela que recebera o Mestre nos braços veneráveis e carinhosos".

"Levá-la-ia consigo, andariam ambos na mesma associação de interesses espirituais. Seria seu filho desvelado, enquanto receberia de sua alma generosa a ternura maternal, nos trabalhos do Evangelho.(...) Maria aceitou alegremente."

Instalaram-se em frente do Mar Egeu, a três léguas da cidade de Éfeso, numa choupana que ficou conhecida pelo nome de "Casa da Santíssima", onde Ela atendia "grandes fileiras de necessitados, espalhando um clarão de esperança por todos os sofredores". E, em Éfeso, "a igreja exigia de João a mais alta expressão de sacrifício pessoal". (*Boa Nova,* cap. 30.)

Acredita-se que o Apóstolo escreveu o seu *Evangelho* em Éfeso, já no fim do primeiro século, desencarnando pouco depois. É considerado o único discípulo que não morreu martirizado.

É o autor também de três *Epístolas* e do *Apocalipse,* que registra as suas visões proféticas recebidas na ilha de Pátmos, quando lá esteve exilado pelo imperador romano Domiciano. Esta pequena ilha grega, do arquipélago Dodecaneso, fica próxima de Éfeso, isto é, do litoral da Turquia.

Emmanuel elucida-nos que "alguns anos antes de terminar o primeiro século, (...) o Divino Mestre chama aos Espaços o Espírito João, que ainda se encontrava preso nos liames da Terra, e o Apóstolo, atônito e aflito, lê a linguagem simbólica do invisível.

Recomenda-lhe o Senhor que entregue os seus conhecimentos ao planeta como advertência a todas as nações e a todos os povos da Terra, e o velho Apóstolo de Pátmos transmite aos seus discípulos as advertências extraordinárias do Apocalipse.

Todos os fatos posteriores à existência de João estão ali previstos. É verdade que freqüentemente a descrição apostólica penetra o terreno mais obscuro; vê-se que a sua expressão humana não pôde copiar fielmente a expressão divina das suas visões de palpitante interesse para a história da Humanidade. As guerras, as nações futuras, os tormentos porvindouros, o comercialismo, as lutas ideológicas da civilização ocidental, estão ali pormenorizadamente entrevistos. E a figura mais dolorosa, ali relacionada, que ainda hoje se oferece à visão do mundo moderno, é bem aquela da igreja transviada de Roma, simbolizada na besta vestida de púrpura e embriagada com o sangue dos santos." (Emmanuel, Francisco C. Xavier, A *Caminho da Luz,* FEB, cap. XIV).

Velázquez, um pintor genial e inovador

Diego Rodriguez de Silva y Velázquez, nascido em Sevilha, a 6 de junho de 1599, e desencarnado em Madrid, a 7 de agosto de 1660, é considerado o pintor mais original da escola espanhola.

"As tonalidades em claro-escuro e o realismo de suas pinturas revelam nele a procura de uma verdade sem afetações, na visão exata dos seres e objetos do mundo exterior. (...) os retratos dos seus bufões, vagabundos, anões, etc., onde todos respiram a mesma dignidade, em contraste com a sua condição, revelam sua humanidade profunda". *(Enciclopédia Mirador).*

Suas principais obras são: *Forja de Vulcano, As Lanças, Crucificado, As Meninas, As Fiandeiras* (o primeiro quadro na história da arte dedicado ao trabalho).

C – PARÁBOLAS EVANGÉLICAS

15 - A VOLTA DO FILHO PRÓDIGO

A VOLTA DO FILHO PRÓDIGO, de Rembrandt (265 x 205 cm – c. 1665, Museu Hermitage, São Petersburgo)

"Parábola do filho pródigo

E disse: Um certo homem tinha dois filhos; E o mais moço deles disse ao pai: Pai, dá-me a parte da fazenda que me pertence. E ele repartiu por eles a fazenda. E, poucos dias depois, o filho mais novo, ajuntando tudo, partiu para uma terra longínqua, e ali desperdiçou a sua fazenda, vivendo dissolutamente. E, havendo ele gastado tudo, houve naquela terra uma grande fome, e começou a padecer necessidades. E foi, e chegou-se a um dos cidadãos daquela terra, o qual o mandou para os seus campos a apascentar porcos. E desejava encher o seu estômago com as bolotas que os porcos comiam, e ninguém lhe dava nada. E, tornando em si, disse: Quantos jornaleiros de meu pai tem abundância de pão, e eu aqui pereço de fome! Levantar-me-ei, e irei ter com meu pai, e dir-lhe-ei: Pai, pequei contra o céu e perante ti; Já não sou digno de ser chamado teu filho; faze-me como um dos teus jornaleiros. E, levantando-se, foi para seu pai; e, quando ainda estava longe, viu-o seu pai, e se moveu de íntima compaixão, e, correndo, lançou-se-lhe ao pescoço e o beijou. E o filho lhe disse: Pai, pequei contra o céu e perante ti, e já não sou digno de ser chamado teu filho. Mas o pai disse aos seus servos: Trazei depressa o melhor vestido, e vesti-lho, e ponde-lhe um anel na mão, e alparcas nos pés; E trazei o bezerro cevado, e matai-o; e comamos, e alegremo-nos; Porque este meu filho estava morto, e reviveu, tinha-se perdido, e foi achado. E começaram a alegrar-se. E o seu filho mais velho estava no campo; e quando veio, e chegou perto de casa, ouviu a música e as danças. E, chamando um dos servos, perguntou-lhe que era aquilo. E ele lhe disse: Veio teu irmão, e teu pai matou o bezerro cevado, porque o recebeu são e salvo. Mas ele se indignou, e não queria entrar. E, saindo o pai, instava com ele. Mas, respondendo ele, disse ao pai: Eis que te sirvo há tantos anos, sem nunca transgredir o teu mandamento, e nunca me deste um cabrito para alegrar-me com os meus amigos; Vindo, porém, este teu filho, que desperdiçou a tua fazenda com as meretrizes, mataste-lhe o bezerro cevado. E ele lhe disse: Filho, tu sempre estás comigo, e todas as minhas coisas são tuas; Mas era justo alegrarmo-nos e folgarmos, porque este teu irmão estava morto, e reviveu; e tinha-se perdido, e achou-se." (*Lucas,* 15:11 a 32).

Dentro de uma admirável linha de singeleza e integrando a harmonia do conjunto à técnica do claro-escuro, o gênio da Holanda nos brinda com este significativo óleo sobre tela.

A Volta do Filho Pródigo pertence à última fase de Rembrandt, que se iniciou em 1661, quando "seu trabalho se orienta no sentido de uma única finalidade: deixar fluir a substância espiritual. Para tanto imaterializa a matéria de seus quadros, que atingem plenitude nunca igualada". (*Mestres da Pintura,* Abril Cultural.)

Um detalhe chama a atenção de um observador atento: a mão direita do pai apresenta traços femininos e a vestimenta que cobre o antebraço direito é também deste sexo; e do lado oposto, os traços da mão e as características da veste do antebraço são masculinos.

É evidente que a genialidade do artista quis, com essas mãos masculina e feminina, associar na figura deste pai, representativa do Criador, Nosso Pai e Nossa Mãe, as potencialidades paternais e maternais.

O reencontro do pai compreensivo e bondoso com seu filho arrependido, sob o olhar atento dos presentes, é comovedor. A postura afetuosa e protetora dos braços, que amparam o moço maltrapilho e de joelhos, diz tudo.

Eis uma belíssima imagem-símbolo do amor infinito que o Pai Celestial reserva para todos os Seus filhos.

Deus é Amor

No *Novo Testamento*, tanto nos *Atos dos Apóstolos* como nas *Epístolas de Paulo,* encontramos preciosos ensinamentos de Paulo, sempre altamente inspirados.

Basta lembrarmo-nos que a elaboração de tais Cartas foram sugeridas pelo próprio Cristo, quando prontificou-se a transmitir Suas orientações com estas palavras dirigidas ao apóstolo: "Doravante Estêvão permanecerá mais conchegado a ti, transmitindo-te meus pensamentos, e o trabalho de evangelização poderá ampliar-se em benefício dos sofrimentos e das necessidades do mundo." (*Paulo e Estêvão,* Emmanuel, Francisco C. Xavier, FEB, 2ª parte, cap. VII, "As Epístolas".)

E dentre as lições do Apóstolo dos Gentios, citaremos a sua frase: "Em Deus nos movemos e existimos", proferida no Areópago de Atenas, conforme registra *Atos,* 17:28, pensamento perfeitamente de acordo com as revelações espirituais que a Doutrina Espírita nos oferece.

Assim, a matéria elementar primitiva ou elemento primordial chamado Fluido (ou Energia) Cósmico é conceituado pelos Espíritos como "Plasma ou Hálito Divino, hausto do Criador, força nervosa onde vibram e vivem constelações e sóis, mundos e seres, como peixes no oceano. Esse meio sutil em que o Universo se equilibra, é a força para nós inabordável que sustenta a Criação." (André Luiz, Francisco C. Xavier, Waldo Vieira, *Evolução em Dois Mundos,* 1ª Parte, cap. I e *Mecanismos da Mediunidade,* cap. III, p. 41, ambos da FEB.)

E desenvolvendo este tema sublime e fundamental, Emmanuel elucida-nos:

"O amor puro é o reflexo do Criador em todas as criaturas.

Brilha em tudo e em tudo palpita na mesma vibração de sabedoria e beleza. É fundamento da vida e justiça de toda a Lei.

Surge, sublime, no equilíbrio dos mundos erguidos à glória da imensidade, quanto nas flores anônimas esquecidas no campo.

Nele fulgura, generosa, a alma de todas as grandes religiões que aparecem, no curso das civilizações, por sistemas de fé à procura da comunhão com a Bondade Celeste, e nele se enraíza todo o impulso de solidariedade entre os homens.

Plasma divino com que Deus envolve tudo o que é criado, o amor é o hálito d'Ele mesmo, penetrando o Universo.

Vemo-lo, assim, como silenciosa esperança do Céu, aguardando a evolução de todos os princípios e respeitando a decisão de todas as consciências.

Mercê de semelhante bênção, cada ser é acalentado no degrau da vida em que se encontra.

O verme é amado pelo Senhor, que lhe concede milhares e milhares de séculos para levantar-se da viscosidade do abismo, tanto quanto o anjo que O representa junto do verme. A seiva que nutre a rosa é a mesma que alimenta o espinho dilacerante. Na árvore em que se aninha o pássaro indefeso, pode acolher-se a serpente com as suas armas de morte. No espaço de uma penitenciária, respira, com a mesma segurança, o criminoso que lhe padece as grades de sofrimento e o correto administrador que lhe garante a ordem.

O amor, repetimos, é o reflexo de Deus, Nosso Pai, que se compadece de todos e que a ninguém violenta, embora, em razão do mesmo amor infinito em que nos ama, determine estejamos sempre sob a lei da responsabilidade que se manifesta para cada consciência, de acordo com as suas próprias obras.

E, amando-nos, permite o Senhor perlustrarmos sem prazo o caminho de ascensão para Ele, concedendo-nos, quando impensadamente nos consagramos ao mal, a própria eternidade para reconciliar-nos com o Bem, que é a Sua Regra Imutável.

Herdeiros d'Ele que somos, raios de Sua Inteligência infinita e sendo Ele Mesmo o Amor Eterno de Toda a Criação, em tudo e em toda a parte, é da legislação por Ele estatuída que cada espírito reflita livremente aquilo que mais ame, transformando-se, aqui e ali, na luz ou na treva, na alegria ou na dor a que empenhe o coração.

Eis por que Jesus, o Modelo Divino, enviado por Ele à Terra para clarear-nos a senda, em cada passo de seu ministério tomou o amor ao Pai por inspiração de toda a vida, amando sem a preocupação de ser amado e auxiliando sem qualquer idéia de recompensa.

Descendo à esfera dos homens por amor, humilhando-se por amor, ajudando e sofrendo por amor, passa no mundo, de sentimento erguido ao Pai Excelso, refletindo-lhe a vontade sábia e misericordiosa. E, para que a vida e o pensamento de todos nós lhe retratem as pegadas de luz, legou-nos, em nome de Deus, a sua fórmula inesquecível: – Amai-vos uns aos outros como eu vos amei."

(Emmanuel, Francisco C. Xavier, *Pensamento e Vida,* FEB, cap.30, "Amor".)

16 - BOM SAMARITANO

BOM SAMARITANO, de Rembrandt (Louvre, Paris)

"*A parábola do bom samaritano*

E eis que se levantou um certo doutor da lei, tentando-o, e dizendo: Mestre, que farei para herdar a vida eterna? E ele lhe disse: Que está escrito na lei? Como lês? E respondendo, ele disse: Amarás ao Senhor teu Deus de todo o teu coração, e de toda a tua alma, e de todas as tuas forças, e de todo o teu entendimento, e ao teu próximo como a ti mesmo. E disse-lhe: Respondeste bem; faze isso, e viverás. Ele, porém, querendo justificar-se a si mesmo, disse a Jesus: E quem é o meu próximo? E respondendo, Jesus disse: Descia um homem de Jerusalém para Jericó, e caiu nas mãos dos salteadores, os quais o despojaram, e, espancando-o, se retiraram, deixando-o meio morto. E ocasionalmente descia pelo mesmo caminho certo sacerdote; e, vendo-o, passou de largo. E de igual modo também um levita, chegando àquele lugar, e, vendo-o, passou de largo. Mas um samaritano, que ia de viagem, chegou ao pé dele, e, vendo-o, moveu-se de íntima compaixão; E, aproximando-se, atou-lhe as feridas, deitando-lhes azeite e vinho; e, pondo-o sobre a sua cavalgadura, levou-o para uma estalagem e cuidou dele; E, partindo ao outro dia, tirou dois dinheiros, e deu-os ao hospedeiro, e disse-lhe: Cuida dele, e tudo o que de mais gastares eu te pagarei quando voltar. Qual, pois, destes três te parece que foi o próximo daquele que caiu nas mãos dos salteadores? E ele disse: O que usou de misericórdia para com ele. Disse, pois, Jesus: Vai, e faze da mesma maneira." (*Lucas,* 10:25 a 37)

Rembrandt, nesta singela, mas significativa tela, quando, abandonando o Barroco, afastou-se dos padrões dominantes e desenvolveu sua arte com plena liberdade, focaliza o momento da Parábola em que o samaritano chega na hospedaria conduzindo, em seu cavalo, a criatura que havia sido ferida e assaltada na estrada.

O bom homem, com um turbante à moda oriental, toma à frente, já subindo a escada, mas acompanha com atenção e piedade o transporte da criatura necessitada, que é cuidadosamente amparada por um homem e um pequeno serviçal.

O quadro ainda é enriquecido com três pessoas à janela que observam a cena com curiosidade, um cavalariço e um frango provavelmente assustado. Ao fundo, além do poço, vê-se uma paisagem montanhosa emoldurando uma muralha.

O crítico Maximilien Gauthier assim encerrou a sua análise desta pintura: "Tudo aqui é simples, comum, familiar, e no entanto rico de uma impressionante altura espiritual, unida ao sentimento da compaixão humana." *(Grandes Museus do Mundo,* Louvre II**,** Ed. Verbo, Lisboa.)

Realmente, estamos diante de linda representação do amor ao próximo que o genial pintor holandês soube tão bem imortalizar, utilizando-se de sua notável técnica do claro-escuro.

A parábola que enaltece a missão sublime da caridade

A Doutrina Espírita esclarece-nos que todos nós somos destinados à perfeição, que se efetua através de uma evolução espiritual orientada e disciplinada pelas Leis Divinas, dentre elas a Lei da Reencarnação.

E, para essa ascensão, que se verifica nos Planos Físico e Espiritual, sem data marcada, é indispensável estruturarmos duas asas, que simbolicamente representam o Amor e a Sabedoria.

"Pelo amor, – diz-nos Emmanuel – que, acima de tudo, é serviço aos semelhantes, a criatura se ilumina e aformoseia por dentro, emitindo, em favor dos outros, o reflexo de suas próprias virtudes; e, pela sabedoria, que começa na aquisição do conhecimento, recolhe a influência dos vanguardeiros do progresso, que lhe comunicam os reflexos da própria grandeza, impelindo-a para o Alto.

Através do amor valorizamo-nos para a vida. Através da sabedoria somos pela vida valorizados. Daí o imperativo de marcharem juntas, a inteligência e a bondade." (*Pensamento e Vida,* F.C. Xavier, FEB, Cap.4.)

E, ao tecer considerações sobre o tema "Evangelho e Caridade", o mesmo Benfeitor Espiritual lembrou-se da parábola do bom samaritano e assim a analisou:

"Vemos, dentro da narrativa, que o Senhor situa no necessitado simplesmente um "homem".

Não lhe identifica a raça, a cor, a posição social ou os pontos de vista.

Nele, enxerga a Humanidade sofredora, carecente de auxílio das criaturas que acendam a luz da caridade, acima de todos os preconceitos de classe ou de religião.

Desde aí, novo movimento de solidariedade humana surge na Terra.

No curso do tempo, dispersam-se os apóstolos, ensinando, em variadas regiões do mundo, que 'mais vale dar que receber'.

E, inspirados na lição do Senhor, os vanguardeiros do bem substituem os vales da imundície pelos hospitais confortáveis; combatem vícios multimilenários, com orfanatos e creches; instalam escolas, onde a cultura jazia confiada aos escravos; criam institutos de socorro e previdência, onde a sociedade mantinha a mendicância para os mais fracos. E a caridade, como gênio cristão na Terra, continua crescendo com os séculos, através da bondade de um Francisco de Assis, da dedicação de um Vicente de Paulo, da benemerência de um Rockfeller ou da fraternidade do companheiro anônimo da via pública, salientando, valorosa e sublime, que o Espírito do Cristo prossegue agindo conosco e por nós." (Emmanuel, Francisco C. Xavier, *Roteiro,* FEB, cap. 16.)

D – GRANDES MISSIONÁRIOS DA HUMANIDADE

17 - SANT'ANA, A VIRGEM E O MENINO

SANT'ANA, A VIRGEM E O MENINO, de Leonardo da Vinci (óleo sobre madeira, 168 cm x 112 cm – 1508-1510, Museu do Louvre, Paris, França).

Esta tela pertence à última fase de Leonardo da Vinci, famoso artista e um dos maiores gênios da Humanidade. Considerada a obra preferida do autor, foi iniciada em 1508, mas ele só pôde concluí-la dois anos após, ainda assim sem alguns detalhes.

A simplicidade das figuras é expressiva, aproximando-se do que imaginamos como Elas foram na realidade, tratando-se de Espíritos muito elevados. A fluência dos movimentos enriquece a obra: Maria, assentada no colo de sua carinhosa mãe, envolve o filho amado em seus braços; Sant'Ana assiste a cena com meigo olhar; o Menino olha para trás e o cordeiro se debate....

O caráter intimista desta tela é valorizado pelos críticos, considerando-a "uma das mais belas expressões de amor materno na história da arte."

A admirável técnica aqui utilizada pelo autor é a do *sfumato,* na qual a transição de tons é sutil e gradativa, que permite a síntese entre o modelo e a paisagem, "sem linhas ou limites à maneira da fumaça."

Da Espiritualidade, notícias de Maria, a Mãe de Jesus

Geralmente, os cristãos reverenciam, com carinho e profunda gratidão, a figura ímpar de Maria de Nazaré, a sublime mãe de Jesus.

No Espiritismo – doutrina que se assenta em bases científicas, filosóficas e religiosas, sendo que, nesta última, como Cristianismo redivivo, caracteriza o Consolador prometido por Jesus – também aprendemos a reconhecer em Maria uma Entidade evoluidíssima, que já havia conquistado, há 2000 anos, elevadas virtudes, tornando-a apta a desempenhar na crosta terrestre tão elevada missão, recebendo em seus braços o Emissário de Deus que se fez menino para se transformar no "modelo da perfeição moral que a Humanidade pode pretender sobre a Terra." (*O Livro dos Espíritos,* Alan Kardec, IDE, q. 625.)

Além do que se conhece nas antigas tradições religiosas, especialmente no *Novo Testamento,* encontramos na literatura espírita outros importantes dados biográficos de Maria, que vieram até nós por via mediúnica, naturalmente, extraídos de arquivos fidedignos do Mundo Espiritual, revelando-nos que Ela continua até hoje zelando com muito carinho pela Humanidade terrestre, encarnada e desencarnada.

Preparativos e início da missão

Conta-nos Emmanuel que, precedendo a vinda de Jesus, entidades angélicas se movimentaram tomando vastas e importantes providências no Plano Espiritual.

"Escolhem-se os instrutores, os precursores imediatos, os auxiliares divinos. Uma atividade única registra-se, então, nas esferas mais próximas do planeta. (...)"

Com a chegada do Mestre "a manjedoura assinalava o ponto inicial da lição salvadora do Cristo, como a dizer que a humildade representa a chave de todas as virtudes. (...) Debalde os escritores materialistas de todos os tempos vulgarizaram o grande acontecimento, ironizando os altos fenômenos mediúnicos que o precederam. As figuras de Simeão,

Ana, Isabel, João Batista, José, bem como a personalidade sublimada de Maria, têm sido muitas vezes objeto de observações injustas e maliciosas; mas a realidade é que somente com o concurso daqueles mensageiros da Boa Nova, portadores da contribuição de fervor, crença e vida, poderia Jesus lançar na Terra os fundamentos da verdade inabalável." (*A Caminho da Luz,* Emmanuel, F.C. Xavier, FEB, cap. 11 e 12.)

Humberto de Campos, Espírito, colheu no Além, de fonte segura, o relato das dificuldades vividas pelo casal José e Maria, nos arredores de Belém de Judá, para conseguirem uma vaga para o devido repouso. Pois, em virtude do recenseamento decretado pelo Imperador romano, as hospedarias estavam repletas.

A "beleza da moça nazarena" e a idade já avançada de José também despertaram a atenção de muitos, sendo alvos, inclusive de injúrias e zombarias. "Gabriel, no entanto, recorreu à prece, rogando o Amparo Divino, e diversos emissários do Céu se manifestaram, em nome de Deus, deliberando que a única segurança para o nascimento de Jesus se achava no estábulo, pelo que conduziram José e Maria para a casa rústica dos carneiros e dos bois..." (*Antologia Mediúnica do Natal,* Espíritos Diversos, F.C. Xavier, FEB, "Os Animais ante o Natal".)

Primeiros tempos. Drama do Calvário e mudança para Éfeso.

O Espírito de Humberto de Campos narra, num de seus livros, a importante visita que Isabel e seu filho João Batista fizeram ao lar de Jesus, em Nazaré, propiciando oportuno encontro entre as duas crianças que revolucionariam o Mundo...

O diálogo entre as duas primas é muito significativo, revelando-se perfeitamente preparadas para a sublime tarefa, como veremos neste pequeno trecho:

"– O que me espanta – dizia Isabel com carícioso sorriso – é o temperamento de João, dado às mais fundas meditações, apesar de sua pouca idade.

(...) – Essas crianças, a meu ver – respondeu-lhe Maria,

intensificando o brilho suave de seus olhos – trazem para a Humanidade a luz divina de um caminho novo. Meu filho também é assim, envolvendo-me o coração numa atmosfera de incessantes cuidados. Por vezes, vou encontrá-lo a sós, junto das águas, e, de outras, em conversação profunda com os viajantes que demandam a Samaria ou as aldeias mais distantes, nas adjacências do lago. Quase sempre, surpreendo-lhe a palavra caridosa que dirige às lavadeiras, aos transeuntes, aos mendigos sofredores... Fala de sua comunhão com Deus com uma eloqüência que nunca encontrei nas observações dos nossos doutores e, constantemente, ando a cismar, em relação ao seu destino."

Nesse mesmo livro, o autor dedica o derradeiro capítulo a Maria, descrevendo as suas impressões íntimas diante do Filho crucificado... a sua curta estadia em Batanéia... a mudança, com João Evangelista, para Éfeso, onde "estabeleceriam um pouso e refúgio aos desamparados, ensinariam as verdades do Evangelho a todos os espíritos de boa vontade e, como mãe e filho, iniciariam uma nova era de amor, na comunidade universal."

De fato, "a casa de João, ao cabo de algumas semanas, se transformou num ponto de assembléias adoráveis (...) Maria externava as suas lembranças. Falava dele com maternal enternecimento, enquanto o apóstolo comentava as verdades evangélicas, apreciando os ensinos recebidos. E não foi só. Decorridos alguns meses, grandes fileiras de necessitados corriam ao sítio singelo e generoso. (...) Sua choupana era, então, conhecida pelo nome de 'Casa da Santíssima'. (...) Eram velhos trôpegos e desenganados do mundo, que lhe vinham ouvir as palavras confortadoras e afetuosas, enfermos que invocavam a sua proteção, mães infortunadas que pediam a bênção de seu carinho." (*Boa Nova*, F.C. Xavier, FEB, cap. 2 e 30.)

Ainda sobre o drama do Calvário, em outra obra do mesmo Autor espiritual, ele relata, passo a passo, a angústia do coração materno desde o momento em que ela recebeu, de João, a notícia da prisão do Mestre. A sua infrutífera ida ao cárcere... a aproximação do palácio do Tetrarca, quando avistou o Filho já com a coroa de espinhos... a dolorosa caminhada em direção ao Calvário... e "quando a sublime cabeça pendeu inerte, Maria recordou a visita do anjo, antes do Natal Divino. Em retrospecto maravilhoso, escutou-lhe a saudação celestial. Misteriosa força assenhoreava-se-lhe do Espírito. Sim... Jesus era seu filho, todavia, antes de tudo, era o Mensageiro de Deus. (...) ajoelhou-se aos pés da cruz e, contemplando o filho morto, repetiu as inesquecíveis afirmações: – 'Senhor, eis aqui a tua serva! Cumpra-se em mim, segundo a tua palavra!' " (*Lázaro Redivivo*, F.C. Xavier, FEB, cap. 2.)

Lucas recebe informações de Maria para fundamentar o seu Evangelho

Segundo narrativa de Emmanuel, o Apóstolo Paulo, ao visitar Éfeso, atendendo a insistentes chamados de João, para promover a fundação definitiva da igreja cristã naquela cidade, "com delicadeza extrema, visitou a Mãe de Jesus na sua casinha singela, que dava para o mar. Impressionou-se fortemente com a humildade daquela criatura simples e amorosa, que mais se assemelhava a um anjo vestido de mulher. Paulo de Tarso interessou-se pelas suas narrativas cariciosas, a respeito da noite do nascimento do Mestre, gravou no íntimo suas divinas impressões e prometeu voltar na primeira oportunidade, a fim de recolher os dados indispensáveis ao Evangelho que pretendia escrever para os cristãos do futuro. Maria colocou-se à sua disposição, com grande alegria."

Numa próxima viagem, a caminho da Palestina pela última vez, Paulo de Tarso também passou, rapidamente, por Éfeso e "a própria Maria, avançada em anos, acorrera de longe em companhia de João e outros discípulos, para levar uma palavra de amor ao paladino intimorato do Evangelho de seu Filho."

E mais tarde, quando o Apóstolo dos gentios esteve preso, por dois anos, em Cesaréia, aproveitou esse período para manter relações constantes com as suas igrejas. "A esse tempo, o ex-doutor de Jerusalém chamou a atenção de Lucas para o velho projeto de escrever uma biografia de Jesus, valendo-se das informações de Maria; lamentou não poder ir a Éfeso, incumbindo-o desse trabalho, que reputava de capital importância para os adeptos do Cristianismo. O médico amigo satisfez-lhe integralmente o desejo, legando à posteridade precioso relato da vida do Mestre, rico de luzes e esperanças divinas." (*Paulo e Estêvão*, F.C. Xavier, FEB, 21ª ed., p. 433, 451 e 482.)

A desencarnação e Seu primeiro trabalho no Mundo Maior

A desencarnação de Maria, assistida por Jesus, é descrita pormenorizadamente por Humberto de Campos, no final do último capítulo do livro *Boa Nova*. Segundo ele, ao libertar-se do vaso físico, Ela desejou, primeiramente, rever a Galiléia e logo em seguida visitou os cárceres sombrios de Roma, repletos de discípulos do Mestre que aguardavam a morte certa, quando lhes infundiu a força da alegria cristã, transmitindo a seguinte sugestão a uma jovem encarcerada:

"– 'Canta, minha filha! Tenhamos bom ânimo! ...Convertamos as nossas dores da Terra em alegrias para o Céu!...'

(...) Logo, a caravana majestosa conduziu ao Reino do Mestre a bendita entre as mulheres e, desde esse dia, nos tormentos mais duros, os discípulos de Jesus têm cantado na Terra, exprimindo o seu bom ânimo e a sua alegria, guardando a suave herança de nossa Mãe Santíssima."

Outros trabalhos no Mais Além

Em belíssima e comovente poesia, intitulada "Retrato de Mãe", Maria Dolores descreve a assistência maternal e efetiva prestada pelo Espírito de Maria a Judas, que se encontrava em região umbralina, cego e solitário, muito tempo depois da crucificação do Mestre.

No final do diálogo com o discípulo suicida, em grande sofrimento, preso a terrível remorso, a Benfeitora convence-o argumentando com profundo amor:

"Amo-te, filho meu, amo-te e quero
Ver-te, de novo, a vida
Maravilhosamente revestida
De paz e luz, de fé e elevação...
Virás comigo à Terra,
Perderás, pouco a pouco, o ânimo violento,
Terás o coração
Nas águas de bendito esquecimento.

Numa nova existência de esperança,
Levar-te-ei comigo
A remansoso abrigo,
Dar-te-ei outra mãe! Pensa e descansa!...

E Judas, nesse instante,
Como quem olvidasse a própria dor gigante
Ou como quem se desagarra
De pesadelo atroz,
Perguntou: – quem sois vós
Que me falais assim, sabendo-me traidor?
Sois divina mulher, irradiando amor
Ou anjo celestial de quem pressinto a luz?!...

No entanto, ela a fitá-lo, frente a frente,
Respondeu simplesmente:
– Meu filho, eu sou Maria, sou a Mãe de Jesus."

(*Momentos de Ouro*,
Espíritos Diversos, F.C. Xavier, GEEM, cap. 3.)

* * *

No livro mediúnico *Memórias de um Suicida* inteiramo-nos da notável e completa assistência aos suicidas, em profundo sofrimento no Além, pela Legião dos Servos de Maria, "chefiada pelo grande Espírito Maria de Nazaré, ser angélico e sublime que na Terra mereceu a missão honrosa de seguir, com solicitudes maternais, Aquele que foi o redentor dos homens!"

Um setor muito importante da assistência aos suicidas é a Cidade Universitária, que abriga as entidades com alta do Departamento Hospitalar e, naturalmente, aptas para freqüentá-la. O diretor dessa Cidade, Irmão Sóstenes, ao receber um novo grupo de aprendizes, assim explicou-lhes a sua origem: "Maria, sob o beneplácito de seu Augusto Filho, ordenou sua criação para que vos fosse proporcionada ocasião de preparativos honrosos para a reabilitação indispensável. Encontrareis no seu amor de mãe sustentáculo sublime para vencerdes o negror dos erros que vos afastaram das pegadas do Grande Mestre a quem deveis antes amor e obediência! Espero que sabereis compreender com inteligência as vossas próprias necessidades..."

Em outro passo da obra, um Mentor esclareceu: "Geralmente, porém, os avisos e as ordens vêm de Mais Alto... de lá, onde paira a assistência magnânima da piedosa Mãe da Humanidade, a Governadora de nossa Legião... (...) Tudo isso, porém, não quererá certamente dizer que nossa Excelsa Diretora precisará esperar súplicas e pedidos de quem quer que seja a fim de tomar suas caridosas providências! Ao contrário, estas foram perenemente tomadas, com a manutenção dos postos de observação e socorro especiais para suicidas;"

Ao apresentar o destacado educador Aníbal aos novos alunos, Irmão Sóstenes prestou-lhes importante informação, nestes termos: "(...) É que Aníbal vinha sendo, para isso, preparado desde eras afastadas! (...) ...Até que um dia, glorioso para o seu Espírito de servo fiel e amoroso, ordem direta desceu das altas esferas de luz, como graça concedida por tantos séculos de abnegação e amor: '– Vai, Aníbal... e dá dos teus labores à Legião de Minha Mãe! Socorre com Meus ensinamentos, que tanto prezas, os que mais destituídos de luzes e de forças encontrares, confiados aos teus cuidados... Pensa, de preferência, naqueles cujas mentes hão desfalecido sob as penalidades do suicídio... Entreguei-os, de há muito, à direção de Minha Mãe, porque só a inspiração maternal será bastante caridosa para erguê-los para Deus!'"

(Memórias de um Suicida, Yvonne A. Pereira, FEB, 12ª ed., p. 57, 221, 416 e 427.)

* * *

Quando do estágio de estudos sobre a lei de causa e efeito na "Mansão Paz", importante instituto de reajuste localizado nas regiões inferiores, os Espíritos André Luiz e Hilário colheram valiosas observações. Ao analisarem o caso de uma veneranda senhora que orava fervorosamente, no Templo, invocando a proteção de Mãe Santíssima pelos filhos transviados, receberam do Instrutor Silas a seguinte elucidação: "– Isso, contudo, não significa que a prece esteja sendo respondida por ela mesma. Petições semelhantes a esta elevam-se a planos superiores e aí são acolhidas pelos emissários da Virgem de Nazaret, a fim de serem examinadas e atendidas, conforme o critério da verdadeira sabedoria."

(*Ação e Reação,* André Luiz, F.C. Xavier, FEB, cap. 11.)

18 - A MORTE DE SÓCRATES

A MORTE DE SÓCRATES, de L. David (128 x196 cm –1787, Museu Metropolitano, Nova York)

Esta tela foi considerada "perfeita em todos os sentidos" por Sir Joshua Reynolds, que a comparou ao teto da Capela Sistina, de Michelângelo, e às Stanza de Rafael no Vaticano.

Sócrates (469 – 399 a.c.), o célebre filósofo grego, injustamente condenado à morte, devendo ingerir cicuta, submeteu-se, com grande dignidade, à decisão da justiça, embora pudesse fugir da prisão com o auxílio de alguns juízes.

O prodigioso pincel de David registra a cena dramática, quando o filósofo, sentado no leito, com a mão esquerda levantada para o céu, censura os seus discípulos, que revelam ostensivamente a própria dor, enquanto que o carcereiro lhe apresenta, chorando, a taça com o veneno.

Sócrates, um Mensageiro de Jesus

Conta-nos Emmanuel, em *A Caminho da Luz* (F.C.Xavier, FEB, cap.X.), livro notável sobre a história da Civilização à luz do Espiritismo, que Jesus, quando o nosso planeta aproximava-se da sua maioridade espiritual, determinou a vinda da "extraordinária personalidade de Sócrates".

Antecedendo esse missionário, já estavam reencarnados artistas e pensadores eminentes, sendo alguns seus futuros auxiliares, que "irradiaram clarões espirituais nos horizontes da Terra". A Humanidade estava sendo preparada para receber a palavra e o exemplo do próprio Cristo, que viria alguns séculos depois...

Afirma-nos ainda o Benfeitor Espiritual "que, de todas as grandes figuras daqueles tempos longínquos, somos compelidos a destacar a grandiosa figura de Sócrates, na Atenas antiga.

Superior a Anaxágoras, seu mestre, como também imperfeitamente interpretado pelos seus três discípulos mais famosos, o grande filósofo está aureolado pelas mais divinas claridades espirituais, no curso de todos os séculos planetários. Sua existência, em algumas circunstâncias, aproxima-se da exemplificação do próprio Cristo. Sua palavra confunde todos os espíritos mesquinhos da época e faz desabrochar florações novas de sentimento e cultura na alma sedenta da mocidade. Nas praças públicas, ensina à infância e à juventude o formoso ideal da fraternidade e da prática do bem, lançando as sementes generosas da solidariedade dos pósteros.

Mas Atenas, como cérebro do mundo de então, apesar do seu vasto progresso, não consegue suportar a lição avançada do grande mensageiro de Jesus. Sócrates é acusado de perverter os jovens atenienses, instalando-lhes o veneno da liberdade nos corações.

Preso e humilhado, seu espírito generoso não se acovarda diante das provas rudes que lhes extravasam do cálice de amarguras. Consciente da missão que trazia, recusa fugir do próprio cárcere, cujas portas se lhe abrem às ocultas pela generosidade de alguns juízes.

(...) Senhor do seu valoroso e resignado heroísmo, Sócrates abandona a Terra, alçando-se de novo aos páramos constelados, onde o aguardava a bênção de Jesus."

Precursores da idéia cristã e do Espiritismo

Na introdução de *O Evangelho Segundo o Espiritismo,* IDE, item IV, Allan Kardec assegura que Sócrates e Platão foram precursores da idéia cristã e dos princípios fundamentais do Espiritismo, lembrando que Sócrates nada escreveu e somente conhecemos a sua doutrina através dos escritos do seu discípulo Platão.

Para justificar essa afirmativa, o Codificador, logo em seguida, apresenta um "Resumo da Doutrina de Sócrates e Platão", do qual transcreveremos alguns princípios:

"IV – A alma impura (...) erra então, ao redor dos mausoléus e dos túmulos, perto dos quais viu, por vezes, fantasmas tenebrosos, como devem ser as imagens das almas que deixaram o corpo sem estar inteiramente puras, e que retêm alguma coisa da forma material, o que faz com que o olhar possa percebê-las. (...) carregam o castigo da sua primeira vida, e onde continuam a errar, até que os apetites inerentes à forma material conduzam-nas a um corpo; e, então, elas retomam, sem dúvida, os mesmos costumes que, durante sua primeira vida, foram o objetivo de suas predileções.

V – Depois de nossa morte, o gênio (daimon, demônio) que nos fora designado durante nossa vida, nos conduz para um lugar onde se reúnem todos aqueles que devem ser conduzidos ao Hades, para aí serem julgados. As almas, depois de terem permanecido no Hades o tempo necessário, são reconduzidas a esta vida em numerosos e longos períodos.

X – (...) Quando ela (a alma) está despojada do corpo, carrega os traços evidentes do seu caráter, de suas afeições e as marcas que cada ato da sua vida lhe deixou. Assim, a maior infelicidade que possa atingir o homem é a de ir para o outro mundo com uma alma carregada de crimes. (...) De tantas opiniões diversas, a única que permanece inabalável é a que vale mais receber que cometer uma injustiça e que, antes de todas as coisas, deve-se aplicar, não em parecer homem de bem, mas a sê-lo. (Diálogo de Sócrates com seus discípulos, na sua prisão.)

XV – As mais belas orações e os mais belos sacrifícios agradam menos a Divindade que uma alma virtuosa que se esforça para assemelhar-se a ela. (...) Mas não, não há de verdadeiramente justo e sábio senão aqueles que, por suas palavras e pelos seus atos, desempenhem-se do que devem aos deuses e aos homens.

XVI – Chamo homem vicioso a esse amante vulgar que ama o corpo antes que a alma. O amor está por toda parte na Natureza, que nos convida a exercitar nossa inteligência; é encontrado até nos movimentos dos astros. É o amor que orna a Natureza de seus ricos tapetes; ele se enfeita e fixa sua morada lá onde encontra flores e perfumes. É ainda o amor que dá a paz aos homens, a calma ao mar, o silêncio aos ventos e o sono à dor."

David, o grande mestre do Neoclassicismo

Jacques-Louis David, célebre pintor francês, nasceu em Paris a 30 de agosto de 1748 e desencarnou em Bruxelas a 29 de dezembro de 1825.

É considerado o grande mestre do Neoclassicismo. "Seu estilo monumental, seu culto pelo desenho impecável e pelo teatral, influenciaram decisivamente o academismo." (Enciclopédia *Mirador*)

Revolucionário arrebatado, assumiu a direção suprema das artes durante a Revolução Francesa. Na era napoleônica, tornou-se o pintor oficial de Bonaparte, do qual fez inúmeros retratos.

Entre suas principais obras, citaremos; *A Coroação de Napoleão, A Morte de Sócrates, O Rapto das Sabinas, Madame Récamier, A Morte de Marat, O Juramento dos Horácios* e os seus retratos.

19 - DANTE E VIRGÍLIO NO INFERNO

DANTE E VIRGÍLIO NO INFERNO, de Delacroix (189 x 246 cm – 1822, Museu do Louvre, Paris)

Nesta expressiva tela do renomado pintor francês Delacroix, com cores vivas e hábil movimentação dos personagens, vê-se uma cena descrita por Dante Alighieri (1265 – 1321), um dos maiores poetas de todos os tempos e pai do idioma italiano, em sua magistral obra-prima *A Divina Comédia* – considerada um "poema alegórico, religioso – moral" –, quando ele retrata o Inferno.

Esta cena refere-se a um episódio do Canto VIII, em sua viagem (aparentemente) "imaginária" pelos caminhos do Além-Túmulo, quando Dante (à esquerda, de capuz vermelho), acompanhado pelo seu guia espiritual Virgílio, o célebre poeta romano (70-19 a.c.), atravessa de barco um asqueroso pântano enevoado em direção à cidade de Dite. Nesse local, aí mergulhadas, são punidas milhares de almas que foram vencidas pela ira. Elas mostram-se desnudas e com faces enfurecidas; muitas procuram agarrar na borda do barco, quando, então, recebem golpes de remo do infernal timoneiro.

Ao longe, avistava-se Dite, com enorme população de condenados, que apresenta grandes mesquitas, rubras como torres em brasa viva.

Qual a importância de A Divina Comédia *para a Humanidade?*

Ernest O. Hauser oferece-nos a seguinte resposta, que nos permite entender o caráter missionário da vida de Dante:

"O livro foi logo interpretado nas universidades italianas como a mais importante obra moral e religiosa da época, porque Dante convencia os seus leitores de que as almas iam para algum lugar depois da morte e que *o homem, durante a sua vida, determinava o seu destino final*. Hoje em dia, a mensagem do poeta se afirma tão vigorosamente como sempre. Dante traça um caminho que todos nós devemos tentar seguir – uma jornada até ao fundo da nossa consciência e daí para o alto, rumo à luz e à salvação. Virgílio, símbolo da Razão, Beatriz, símbolo da Fé, confortar-nos-ão através do caminho." (*Grandes Vidas, Grandes Obras,* Ed. Seleções do Reader's Digest, 1968.)

A propósito, Humberto de Campos, Espírito, ao descrever uma importante reunião realizada no Mundo Espiritual, a 31 de Dezembro de 1799, relacionou as presenças do Espírito da Verdade, respeitáveis autoridades reencarnadas na Terra e grandes vultos da Humanidade, já domiciliados no Além. Estes últimos, dentre eles Dante Alighieri, se destacavam pela "refulgência de suas almas", considerados "heróis e paladinos da renovação terrestre". (*Cartas e Crônicas,* F.C Xavier, FEB, cap. 28.)

Revelações Espirituais

A narrativa da Dante, que deu origem à tela em estudo, bem como muitos outros episódios de *A Divina Comédia,* lembram as informações detalhadas de André Luiz, Espírito, reveladas em várias obras psicografadas por Francisco C. Xavier.

Por exemplo, no livro *Obreiros da Vida Eterna* (FEB, 20ª ed., cap. VIII e IX.), em estágio de aprendizagem na Casa Transitória de Fabiano, localizada num dos Planos Espirituais, André Luiz visitou, em companhia de uma equipe socorrista, um vale fundo de treva e sofrimento habitado por um vasto agrupamento de infelizes, mergulhados em compacto e enorme lamaçal.

Na orla do abismo, separados dos sofredores por uma rampa, os mensageiros ouviam frases comovedoras que subiam até eles. "Dolorosos ais, blasfêmias, imprecações."

Sabemos que não existem regiões de sofrimento com duração eterna, pois Deus é Pai de Amor que dosa Sua justiça com misericórdia. Na ocasião, André Luiz assim foi esclarecido pela irmã Zenóbia, administradora da instituição:

"– Os padecimentos que sentimos não se verificam à revelia da Proteção Divina. Incansáveis trabalhadores da verdade e do bem visitam seguidamente estes sítios, convocando os prisioneiros da rebeldia à necessária renovação espiritual; no entanto, retraem-se eles, revoltados e endurecidos no mal. Lamentam-se, suplicam e provocam compaixão. Raramente alguns deles nos ouvem o apelo. Às vezes, intentamos impor-lhes o bem. Entretanto, quando retirados compulsoriamente do vale tenebroso, acusam-nos de violentadores e ingratos, fugindo ao nosso contato e influenciação.

(...) A negação deles – continuou a orientadora – não é motivo para qualquer negação de nossa parte. Lembremo-nos de que o esforço da Natureza converte o carvão em diamante...Trabalhemos em benefício de todos os necessitados, procurando, para o nosso espírito, o divino dom de refletir os Supremos Desígnios

(...) A compaixão, filha do Amor, desejará estender sempre o braço que salva, mas a justiça, filha da Lei, não prescinde da ação que retifica. Haverá recursos da misericórdia para as situações mais deploráveis. Entretanto, a ordem legal do Universo cumprir-se-á, invariavelmente. Em virtude, pois, da realidade, é justo que cada filho de Deus assuma responsabilidades e tome resoluções por si mesmo."

No livro *Libertação* (FEB, cap., IV.), André Luiz conta-nos uma outra experiência semelhante com as seguintes palavras:

"Após a travessia de várias regiões 'em descida', com escalas por diversos postos e instituições socorristas, penetramos vasto domínio de sombras. Fumo cinzento cobria o céu em toda a sua extensão. A vegetação exibia aspecto sinistro e angustiado.

O que mais contristava, porém, não era o quadro desolador, mais ou menos semelhante a outros de meu conhecimento, e, sim, os apelos cortantes que provinham dos charcos. Gemidos tipicamente humanos eram pronunciados em todos os tons.

(...) Lembrando a 'selva oscura' a que Alighieri se reporta no imortal poema, eu trazia o coração premido de interrogativas inquietantes. (...) Em minutos breves, penetramos vastíssima aglomeração de vielas, reunindo casario decadente e sórdido. (...) Palácios estranhos surgem imponentes, revestidos de claridade abraseada, semelhante à auréola do aço incandescente. (...) Respeitável edifício destacava-se diante de uma fortaleza, com todos os característicos de um templo (...)."

Observa-se nestas revelações que existem no Mais Além regiões muito semelhantes ao purgatório e ao inferno da teologia mitológica.

Portanto, é razoável e lógico acreditar que Dante esteve, muitas vezes, em desdobramento espiritual, durante o sono, em várias regiões do Mundo Maior, colhendo informes que deram origem à *Divina Comédia*.

Um dos seus biógrafos escreveu que "Dante viu seus outros mundos com tanta intensidade de imaginação como se realmente os tivesse percorrido." (Enc. *Mirador*). Para quem não acredita na Vida Espiritual, só a imaginação fertilíssima poderia explicar tão grande potencial descritivo...

Santa Brígida e Sóror Josefa Menéndez também visitaram regiões purgatoriais e infernais

Do livro *Mediunidade dos Santos* (IDE, 3ª ed.), de autoria do ilustre Professor Clovis Tavares, que registra e analisa numerosos fatos dentro do tema em foco, rigorosamente extraídos de quase duas centenas de obras, em vários idiomas, chanceladas com o *imprimatur* e o *nihil obstat* da Igreja Católica, transcreveremos alguns tópicos em torno dos desdobramentos espirituais que Santa Brígida, da Suécia (1302-1373) e Sóror Josefa Menéndez tiveram, permitindo-lhes trazer informações importantes das regiões espirituais de muito sofrimento:

"Outras vezes, sua clarividência (de Santa Brígida) penetrou regiões de sofrimento do mundo invisível, os 'extensos reinos do

Purgatório' e pode enxergar malfeitores desencarnados atormentando seus infelizes habitantes, fazendo-nos recordar as descrições de André Luiz a respeito das regiões umbralinas.

Às vezes, o olhar profundo da grande vidente penetra regiões de ainda maiores sofrimentos, regiões infernais, a recordarem as "Trevas infernais" das descrições de André Luiz em *Ação e Reação* (cap.10)." (p.45)

* * *

"*Apelo ao Amor* é um livro católico (...) publicado por jesuítas franceses. (...) Josefa foi uma religiosa nascida na Espanha em 1890 e falecida na França em 1923 (...) Um capítulo inteiro é dedicado aos desdobramentos da freira. Várias vezes, em espírito, percorreu ela as regiões que denominou purgatoriais e infernais. Muitos desses fenômenos são perfeitamente iguais aos descritos nos livros espíritas. Fatos semelhantíssimos a vários casos relatados por Ernesto Bozzano em suas monografias". (p. 125 e 127)

Chico Xavier, Léon Denis e Emmanuel enaltecem a mediunidade de Dante

"Quando psicografava os livros de André Luiz, via-se o Chico, em dado momento, transportado àquelas regiões de que lhe falava o esclarecido autor de *Libertação*. Cenas dantescas presenciava: homens com fisionomias de crocodilos, cobras, arrastando-se, conturbando o ambiente já de si pavoroso; outros, urrando, como animais ferozes, lembrando-lhe Dante, revelando-lhe, nos círculos do inferno dantesco, criaturas transformadas em árvores, enterradas até à cintura, verdadeiros duendes animalizados. E o Médium concluiu sua visão: 'Dante era um grande Médium, além de culto Poeta. Nos momentos em que seu corpo descansava no sono, ia, em espírito, às regiões boas e más, classificando-as como sendo o Paraíso, o Purgatório e o Inferno.' Seu Guia, Virgílio, possibilitou-lhe já naquela época, conhecesse aquilo que André Luiz, hoje, nos atualiza de forma mais perfeita. Foi, não resta dúvida, o Grande

Gibelino, um dos precursores das Verdades que o Espiritismo nos revela através da Mediunidade gloriosa."

Ramiro Gama (*Lindos Casos de Chico Xavier,*
Lake, 13ª ed., p. 192.)

"Dante é um médium incomparável. Sua *Divina Comédia* é uma peregrinação através dos mundos invisíveis."

Léon Denis (*No Invisível,* FEB, Cap. XXVI.)

"Dante, o vidente florentino, apresenta quadros expressivos do Inferno, do Purgatório e do Céu."

Emmanuel (F.C.Xavier, *Roteiro*, FEB, cap. 11.)

Delacroix, um dos maiores pintores franceses do século XIX

Eugène Delacroix nasceu em Charenton-Saint-Maurice, a 26 de abril de 1798 e desencarnou em Paris, a 13 de agosto de 1863.

Dante e Virgílio no Inferno ou *A Barca de Dante,* sua primeira grande obra, e *A Morte de Sardanapalo* marcaram uma época na história da arte contemporânea. Hostilizado pelos neoclássicos, foi considerado o chefe da escola romântica francesa de pintura.

Imprimiu à sua pintura composições movimentadas e cores vivas. "Seu objetivo foi criar emoção e energia, exaltadas por fortes contrastes de cores, por um desenho torturado e por uma composição turbilhonante." (Enciclopédia *Mirador*)

A Liberdade guiando o Povo, Mulheres de Argel, Caça ao Leão, Os Massacres de Quios e Hamlet são outros trabalhos famosos de Delacroix.

20 - A VOZ DIZIA: "VAI À FRANÇA"

A VOZ DIZIA: "VAI À FRANÇA", de Tiago Wagrez

Nesta expressiva tela, a jovem Joana D'Arc (1412-1431), estando no campo, onde exercia as funções de pastora, ao rezar fervorosamente, ajoelhada, escuta vozes que já lhe eram familiares.

Mais uma vez, como já vinha ocorrendo há três anos, ela capta pela mediunidade auditiva as vozes dos Espíritos de S. Miguel, patrono dos franceses, de Santa Catarina e Santa Margarida. Outras duas Entidades femininas também estão presentes.

A cena imortalizada pela grande sensibilidade do artista (cujos dados biográficos, infelizmente não encontramos) é de um momento decisivo. D'Arc, que já estava sendo preparada para a sua missão, recebe, agora, a ordem categórica de S. Miguel: "Vai à França!"

Havia chegado o instante

O célebre escultor francês Rude (1784-1855) imortalizou neste mármore, que hoje pertence ao Museu do Louvre, a mediunidade gloriosa de Joana D'Arc, num momento em que ela, sem a armadura, escuta as suas vozes.

crucial da jovem camponesa, de apenas 17 anos, deixar seu lar, sem nenhum preparo cultural ou militar, sendo analfabeta, e, contando somente com sua fé inabalável e uma extraordinária mediunidade, partir em direção ao seu glorioso destino.

Sim, ir à França para salvar o seu país, pois, há alguns anos, Domrémy, a aldeia francesa onde ela nasceu, já estava sob o domínio dos invasores ingleses.

Médium missionária garantiu programa reencarnatório na França, da mais alta importância para a Humanidade

Em 1429, quando transcorriam os últimos anos da Guerra dos Cem Anos, a França estava dividida: o duque de Borgonha e os seus aliados ingleses dominavam a região Norte, enquanto o indeciso e frágil rei Carlos VII permanecia no Sul, para onde se deslocou.

Neste ano, Joana D'Arc, obedecendo as determinações de S. Miguel, conseguiu chegar até o castelo de Carlos VII. Convencendo-o de que suas vozes eram autênticas e de origem celestial, recebeu o comando de um exército, à frente do qual ela desempenhou, de forma notável, sua missão, cumprindo, assim, a profecia que corria de boca em boca: "Uma virgem salvará a França!"

Sua vinda à Terra, pelo valor da tarefa a desempenhar, foi avisada com antecedência pela Espiritualidade, por vários médiuns, dentre eles: a visionária Maria d'Avignon, que se apresentara ao rei dizendo que vira, em seus êxtases, uma armadura que o céu reservava para uma jovem destinada a salvar o reino; o conhecido profeta Merlin que anunciou, muito tempo antes, que uma virgem unificaria e libertaria a França.

Hoje, Joana D'Arc é reverenciada em todo o mundo. Na França, é a Santa Padroeira do país. Ainda dentro do século XV, que a viu queimar na fogueira, a própria Igreja Romana abriu um processo de reabilitação e, em 1920, a canonizou. A injustiça para com a heroína Donzela de Domremy foi tão evidente que a Inquisição somente atuou na França até 1461, isto é, 30 anos após o lamentável episódio.

Até os últimos instantes de sua vida, prestes a ser queimada, afirmou ainda que as vozes não a tinham enganado e que essas vozes eram de Deus, por ordem de quem agira. A sua última palavra foi esta: "Jesus!"

A sua missão, segundo informação do médium Francisco C. Xavier, foi muito mais importante do que parece à primeira vista, pois estava em cogitação não só o interesse de uma nação, mas um programa de grande valor para a Humanidade.

Pois, "naquela época, os Espíritos encarregados da evolução do Planeta estavam selecionando os gens que viriam a servir na formação do corpo da plêiade de entidades nobres que reencarnariam para ampliar o desenvolvimento geral da Terra, através do chamado Iluminismo Francês. Era preciso cuidado para que os corpos pudessem suportar a dinâmica das inteligências que surgiriam."

Assim, a desestruturação daquele país, provocada pela invasão inglesa, acarretaria a perda de um trabalho de muitos séculos. Indispensável, portanto, "a preservação da instrumentalidade destinada aos gênios da cultura e do progresso que renasceriam na França, especialmente em se tratando da França do século XIX que preparou, no mundo, a organização da era tecnológica que estamos vivendo no século XX." (*Chico, de Francisco,* Adelino Silveira, Ed. CEU, cap. "Joana D'Arc")

É evidente que Joana D'Arc foi a reencarnação de uma Entidade evoluída, que, embora com grandes conquistas espirituais, necessitava de assistência ostensiva do Mundo Maior para cumprir tão espinhosa e importante missão.

Acreditamos ser muito provável, com base no texto a seguir transcrito, que a Entidade que reencarnou para essa missão foi Judas Iscariotes, que concedeu, em 1935, longa e esclarecedora entrevista a Humberto de Campos, Espírito. (*Crônicas de Além-Túmulo,* H. de Campos, Francisco C. Xavier, FEB, cap. 5.)

"– É uma verdade tudo quanto reza o Novo Testamento a respeito de sua personalidade, na tragédia da condenação de Jesus?

– Em parte... Os escribas que redigiram os Evangelhos não

atenderam às circunstâncias e às tricas políticas que, acima dos meus atos, predominaram na nefanda crucificação. (...) Entregando, pois, o Mestre a Caifás, não julguei que as coisas atingissem um fim tão lamentável e, ralado de remorsos, presumi que o suicídio era a única maneira de me redimir aos seus olhos.

– E chegou a salvar-se pelo arrependimento?

– Não. Não consegui. O remorso é uma força preliminar para os trabalhos reparadores. Depois da minha morte trágica, submergi-me em séculos de sofrimento expiatório da minha falta. Sofri horrores nas perseguições infligidas em Roma aos adeptos da doutrina de Jesus e as minhas provas culminaram em uma fogueira inquisitorial, onde, imitando o Mestre, fui traído, vendido e usurpado. Vítima da felonia e da traição, deixei na Terra os derradeiros resquícios do meu crime, na Europa do século XV. Desde esse dia em que me entreguei por amor do Cristo a todos os tormentos e infâmias que me aviltavam, com resignação e piedade pelos meus verdugos, fechei o ciclo das minhas dolorosas reencarnações na Terra, sentindo na fronte o ósculo de perdão da minha própria consciência..."

21 - HUSS PERANTE O CONCÍLIO DE CONSTÂNCIA

HUSS PERANTE O CONCÍLIO DE CONSTÂNCIA, de V. Brozik (óleo sobre tela, 1898, Capela de Belém, Praga, República Tcheca)

Tela elogiada pelos críticos de arte, que consideraram "as personagens bem ordenadas, e as atitudes e fisionomias tratadas por mão de mestre." *(Dicionário Enciclopédico Lello Universal)*

Este belo trabalho de Vacalav Brozik registra a sessão do Concílio, realizada em 6 de julho de 1415, na cidade de Constância, Alemanha, na qual João Huss foi julgado e condenado à morte.

"A sessão tinha lugar na alta e espaçosa catedral. Os cardeais, arcebispos, bispos, prelados, doutores, mestres e outros membros do Concílio estavam ali em pleno número. O presidente da reunião, que era a décima quinta, foi o cardeal João de Brogni. *(O papa João XXIII, que abriu o Concílio, em face de várias e graves acusações, estava afastado e preso. E, posteriormente, foi excluído da lista dos papas.)* De lado do altar-mor estava sentado, sob um magnífico dossel, o imperador Segismundo, tendo na cabeça a coroa de ouro e na mão direita o cetro. A um lado, de pé, o conde palatino Luiz mantinha na mão o globo imperial, posto numa almofada; do outro lado, estava o magnata húngaro Estevam de Rosebon, empunhando a espada imperial. No meio da igreja via-se uma alta mesa, sobre a qual estavam pousadas as vestes sacerdotais." [*Chamas de Ódio e a Luz do Puro Amor*, Francisco V. Lorenz, Ed. Pensamento, S. Paulo, SP, 2ª ed., 1940. (Romance baseado em fatos históricos conforme N. do A. no final do cap. XXIX.) (O trecho grifado é nosso.)]

O imperador Segismundo havia convidado Huss a comparecer ao Concílio, concedendo-lhe um salvo-conduto imperial que lhe garantiria total assistência e segurança de vida no território alemão.

Durante o julgamento, não permitiram que Huss expressasse suas idéias. Momentos antes da leitura da sentença que o condenava como herege, ele tinha acabado de negar-se ao retratamento de suas doutrinas, "a menos que nelas se descobrisse alguma contradição com a *Bíblia Sagrada*."

Ao ouvir a sentença, Huss ajoelhou-se e orou em voz alta:

– Ó Senhor, meu Deus! Peço-te por tua inexaurível misericórdia, perdoa aos meus inimigos.

Para ser desordenado, o condenado "teve que subir sobre a mesa e pôr as vestes sacerdotais, para depois delas ser despido, sendo-lhes tiradas, uma por uma, com duras maldições lançadas contra ele."

Encerrada a sessão do Concílio, Huss foi entregue aos algozes e soldados para cumprirem a sentença: queimá-lo vivo naquele mesmo dia.

"O grande reformador enfrentou as chamas com estado de ânimo exemplar, atribuindo-se-lhe as palavras: 'Estou preparado para morrer na verdade do Evangelho, que ensinei e escrevi' ". *(Enciclopédia Barsa)*

E, após o martírio na fogueira, suas cinzas foram atiradas nas águas do Reno.

João Huss – precursor da Reforma protestante

Sacerdote tcheco, João Huss (Jan Hus) nasceu em Husinec, Boêmia (República Tcheca), em 1369 e desencarnou em Constância, Alemanha, a 6 de julho de 1415. Filho de camponeses, se formou em teologia e, dois anos após, em artes pela Universidade de Praga.

Em 1401 assumiu a reitoria desta Universidade e, no ano seguinte, foi nomeado pároco da capela de Belém, também localizada na capital. Em 1410 foi excomungado em face de suas críticas ao clero, especialmente à venda das indulgências. Mas permaneceu em suas funções devido ao grande apoio do povo e do rei Venceslau, sendo festejado como herói nacional. Em 1412, novamente excomungado, teve que se afastar da capital.

Além de reformador religioso, Huss foi um defensor da nacionalidade tcheca. Como escritor, estabeleceu uma nova ortografia, reformando a língua literária tcheca, esforçando-se para banir as formas germânicas. Sendo venerado como santo e mártir da fé, e considerado fervoroso patriota, mereceu uma

João Huss (1369-1415)

Selos postais da Tchecoslováquia, de 1952, comemorativos da nomeação de João Huss como pároco da célebre capela de Belém, em Praga, onde pregou suas renovadas idéias à luz da pureza evangélica. A capela, erguida em 1391 e destinada exclusivamente para pregações na língua tcheca, tornou-se o centro do movimento popular nacionalista e religioso (reformista) da Boêmia.

especial homenagem na principal praça de Praga, onde foi erguido um grande e belíssimo monumento. *(Anuário Espírita* 2002, p. 129.)

"Huss, cuja obra teológica era mais transcrição de John Wycliffe, do que original, afirmava que a Igreja era composta de todos os predestinados – do passado, do presente e do futuro. Como Wycliffe, não aceitava a supremacia papal, mas apenas a pessoa de Cristo como chefe e cabeça da Igreja, considerando o Evangelho como 'única lei'. Seu pensamento sobre a Igreja era influenciado fortemente por Agostinho e tinha, a respeito do clero e sua relação com a propriedade, pontos de vista semelhantes aos dos valdenses (movimento dentro da Igreja Católica que pregava a rejeição das riquezas e das pretensões políticas)."
(Enciclopédia Mirador Internacional)

Huss abriu caminho a Lutero (1483-1546), teólogo alemão, o maior vulto da Reforma protestante.

No *século XIX, ao receber missão de Jesus,*
Huss reencarna como Kardec

Dos casos conhecidos de identificação de vidas anteriores, envolvendo grandes personalidades, geralmente encontramos apenas uma ou duas fontes mediúnicas. Mas, surpreendentemente, e absolutamente inédito nas pesquisas sobre reencarnação, tratando-se da identidade espiritual Huss/Kardec, podemos relacionar as seguintes revelações de sete médiuns respeitáveis, de quatro nacionalidades, que as receberam no período de 1857 a 2004:

1. A primeira é datada de 1857, através da senhorita Ermance Dufaux, cuja fidelidade mediúnica foi enaltecida por Kardec. *(Revista Espírita,* IDE, jan./1858, p. 32.) Tal mensagem, copiada pelo Dr. Canuto Abreu, em 1921, na Livraria Espírita fundada por Leymarie, em Paris, passou, em 1925, para o arquivo da Maison des Spirites, onde os alemães a destruíram durante a invasão de 1940. *(A Missão de Allan Kardec,* Carlos Imbassahy, Ed. F.E. Paraná, 1ª ed., 1957.)

2. A segunda foi recebida pela médium francesa sra. W. Krell, datada de 1874, em mensagem assinada pelo célebre filósofo e teólogo João Gaspar Lavater (1741-1801), um precursor do Espiritismo. *(Anuário*

Espírita 2003, p. 182.) Esta bela página integra o livro *Rayonnements de la Vie Spirituelle*, juntamente com a famosa Prece de Cárita *(Anuário Espírita* 2002, p. 96), todo ele sob a responsabilidade da referida médium. Recentemente, foi lançada, no Brasil, a sua tradução sob o título *Reflexos da Vida Espiritual*. (Ed. CELD, Rio, RJ, 2003.)

3. O romance *Herculanum,* de J. W. Rochester, psicografado pela médium russa W. Krijanowsky e editado em 1888, afirma que as personalidades de Huss e Kardec foram animadas pelo mesmo Espírito. (FEB, 1ª ed., 1937, 2ª Parte, cap. I e XII.) [Através da mesma médium, Rochester também escreveu o belíssimo romance histórico *Os Luminares Tchecos,* tendo Huss como personagem principal. (Boa Nova Editora, S. Paulo, SP, 2ª ed., 1999.)]

4. Em 1927, pela Editora Pensamento, de S. Paulo, foi lançado *Chamas de Ódio e a Luz do Puro Amor,* uma rica biografia de João Huss, de autoria de F. V. Lorenz, que no final da obra escreveu: "a alma do grande reformador tcheco renasceu (como o sabem os espíritas), a 3 de outubro de 1804, em Lyon, na França. Esta vez o seu nome foi Hipólito Rivail." Em 1927, quem no Brasil sabia desta revelação, além do Dr. Canuto? Lorenz (o médium da obra esperantista *Vocoj de Poetoj el la Spirita Mondo,*FEB) a teria recebido mediunicamente e, humildemente, preferiu afirmar que os espíritas já sabiam?

5. Em 22/9/1942, Francisco Cândido Xavier psicografou uma importante revelação de Irmão X, que relata o momento em que Huss recebeu de Jesus a missão de Codificar o Espiritismo. Este texto, constante da obra *Doutrina-Escola* (Espíritos Diversos, IDE, 1ª ed., 1996.), intitulado "Lembrando Allan Kardec", será transcrito, quase na íntegra, após o item 7.

6. Também no romance *O Solar de Apolo*, de Victor Hugo (Espírito), escrito pela médium Zilda Gama, encontramos a notícia de que os dois missionários são a mesma Entidade. [Ed. LAKE, S. Paulo, SP, 1ª ed., s/data, p. 98. (lançamento em 1955, seg. informação da Editora.)]

7. Vianna de Carvalho, em duas mensagens: "Homenagem a Allan Kardec" e "Holocausto pela Verdade" (que integram, respectivamente, os livros *Reflexões Espíritas,* 1991, e *Luzes do Alvorecer,* 2001, LEAL)

e Léon Denis, na mensagem "Reconhecimento a Allan Kardec"/ "Reconnaissance à Allan Kardec" [escrita de trás para a frente (psicografia especular), em francês, na abertura do 4º Congresso Espírita Mundial, em Paris, na noite de 02/10/2004 (*Reformador*, 11/2004 e *AE 2006*)], psicografados por Divaldo P. Franco, confirmam a referida identidade espiritual.

"*Lembrando Allan Kardec*

Depois de se dirigir aos numerosos missionários da Ciência e da Filosofia, destinados à renovação do pensamento do mundo no século XIX, o Mestre aproximou-se do abnegado João Huss e falou generosamente:

– Não serás portador de invenções novas, não te deterás no problema de comodidade material à civilização, nem receberás a mordomia do dinheiro ou da autoridade temporal, mas deponho-te nas mãos a tarefa sublime de levantar corações e consciências.

A assembléia de orientadores das atividades terrestres estava comovida. E ao passo que o antigo campeão da verdade e do bem se sentia alarmado de santas comoções, Jesus continuava:

– Preparam-se os círculos da vida planetária a grandes transformações nos domínios do pensamento. Imenso número de trabalhadores no mundo, desprezando o sentido evolucionário da vida, crê na revolução e nos seus princípios destruidores, organizando-lhe movimentos homicidas. Em breve, não obstante nossa assistência desvelada, que neutralizará os desastres maiores, a miséria e o morticínio se levantarão no seio de coletividades invigilantes. A tirania campeará na Terra, em nome da liberdade, cabeças rolarão nas praças públicas em nome da paz, como se o direito e a independência fossem frutos da opressão e da morte. Alguns condutores do pensamento, desvairados de personalismo destruidor, convertem a época de transição do orbe em turbilhão revolucionário, envenenando o espírito dos povos. O sacerdócio organizado em bases econômicas não pode impedir a catástrofe. A Filosofia e a Ciência intoxicaram as próprias fontes de ação e conhecimento!...

É indispensável estabelecer providências que amparem a fé, preservando os tesouros religiosos da criatura. Confio-te a sublime tarefa de reacender as lâmpadas da esperança no coração da humanidade.

O Evangelho do Amor permanece eclipsado no jogo de ambições desmedidas dos homens viciosos!... Vai, meu amigo. Abrirás novos caminhos à sagrada aspiração das almas, descerrando a pesada cortina de sombras que vem absorvendo a mente humana. Na restauração da verdade, no entanto, não esperes os louros do mundo, nem a compreensão de teus contemporâneos.

Meus enviados não nascem na Terra para serem servidos, mas por atenderem às necessidades das criaturas. Não recebem palmas e homenagens, facilidades e vantagens terrestres, contudo, minha paz os fortalece e levanta-os, cada dia... Muitas vezes, não conhecem senão a dificuldade, o obstáculo, o infortúnio, e não encontram outro refúgio além do deserto. É preciso, porém, erigir o santuário da fé e caminhar sem repouso, apesar de perseguições, pedradas, cruzes e lágrimas!...

Ante a emoção dos trabalhadores do progresso cultural do orbe terrestre, o abnegado João Huss recebeu a elevada missão que lhe era conferida, revelando a nobreza do servo fiel, entre júbilos de reconhecimento.

Daí a algum tempo, no albor do século XIX, nascia Allan Kardec em Lyon, por trazer a divina mensagem.

Espírito devotado, jamais olvidou o compromisso sublime. Não encontrou escolas de preparação espiritual, mas nunca menosprezou o manancial de recursos que trazia em si mesmo. (...) Consoante a previsão do Cristo, a Revolução Francesa preparara com sangue o império das guerras napoleônicas. (...)

O discípulo dedicado rasgou os horizontes estreitos do ceticismo e o plano invisível encontrou novo canal a fim de projetar-se no mundo, atenuando-lhe as sombras densas e renovando as bases da fé. (...)

Em breve, a doutrina consoladora dos Espíritos iluminava corações e consciências, nos mais diversos pontos do globo.

É que Allan Kardec, se viera dos círculos mais elevados dos processos educativos do mundo, não esquecera a necessidade de sabedoria espiritual. Discípulo eminente de professores consagrados, como Pestalozzi, não esqueceu a ascendência do Cristo. Trabalhador no serviço da redenção, compreendeu que não viera a Terra por atender a caprichos individuais e sim aos poderes superiores da vida. (...) Allan Kardec não somente pregou a doutrina consoladora; viveu-a. Não foi um simples codificador de princípios, mas um fiel servidor de Jesus e dos homens.

Irmão X"

Brozik, um destacado pintor tcheco do século XIX

Vacalav Brozik nasceu em Pilsen, Boêmia, em 1852 e desencarnou em 1901.

Aluno da Escola de Belas Artes de Praga, fixou residência em Paris, e expôs em diversos salões franceses.

"Brozik, ao mesmo tempo pintor de história e pintor de gênero, executou muitas cenas históricas de seu país (*A embaixada do rei da Bohêmia, A partida de xadrez dos esponsais*), onde fez sobretudo valer a riqueza da sua palheta." (*Enciclopédia e Dicionário Internacional,* W. M. Jackson.)

E – VIDA NO ALÉM

22 - ASCENSÃO AO CÉU

ASCENSÃO AO CÉU (detalhe), parte do tríptico O PARAÍSO E A ASCENSÃO AO CÉU, de Bosch (óleo sobre painel, 56,5 x 39,5 cm – s/data, Palácio Ducal, Veneza)

Somente um artista com a mente ligada às questões mais elevadas da alma humana, capaz de criar uma vasta e diversificada obra essencialmente moralista, poderia ter elaborado uma representação tão divinamente inspirada como a *Ascensão ao Céu* (ou *Ascensão ao Empíreo*).

Trata-se do pintor holandês Hieronymus Bosch (1450 ou 1460-1516) que, incansavelmente, mostrou em suas telas o conflito entre o bem e o mal, a fraqueza moral do ser humano, convidando-o a regenerar-se, condição indispensável para alcançar o Céu.

Atualmente, este quadro é muito divulgado em livros e reportagens da imprensa que divulgam as Experiências de Quase-Morte (EQM), isto é, experiências vivenciadas por pessoas durante o período em que estiveram praticamente mortas, sendo que em alguns casos elas foram declaradas clinicamente mortas.

A análise do conteúdo dessas experiências – que correspondem a um estado de desdobramento espiritual – revela a presença de um ou mais elementos, que varia de caso a caso, sendo os mais freqüentes:

sentir-se fora do corpo físico, sensação de estar em outro mundo, encontro com outros seres, percepção visual aumentada, audição de vozes, sentimentos de paz e quietude, recapitulação da vida e a experiência do túnel.

A *experiência do túnel* habitualmente ocorre após a separação do corpo. As pessoas em EQM vêem-se diante de um portal ou túnel e são dirigidas para a escuridão até que se deparam com uma luz brilhante. As descrições variam muito, mas a sensação é sempre de uma "pessoa que atravessa uma passagem em direção de uma luz intensa."

Importante é que, ultrapassado o túnel, a pessoa geralmente se encontra com "seres de luz", portadores de muito amor. Dentre estes, freqüentemente são identificados familiares e amigos já desencarnados.

Estas experiências têm sido bem documentadas por vários pesquisadores, destacando-se o pioneiro Dr.Raymond Moody Jr., que editou vários livros de grande sucesso editorial, entre eles: *Vida Depois da Vida (Life After Life)* e *A Luz do Além (The Light Beyond),* Ed. Nórdica, Rio de Janeiro.

Portanto, há quinhentos anos, o pintor Bosch, com elevada inspiração, registrou uma realidade espiritual que, hoje, a ciência pode comprovar.

A interessante tela de Bosch

A *Ascensão ao Céu* mostra-nos um grupo de Espíritos recém-libertos da carne, sendo transportados para cima em direção a uma luz, que próximo ao seu foco forma uma imagem semelhante a um TÚNEL. Este representa, para o pintor, uma passagem para os planos mais altos do Mundo Espiritual, que correspondem ao Céu ou Paraíso.

Todos os Espíritos estão amparados por ANJOS, que os encaminham em direção à região iluminada. Naturalmente, Bosch pintou os Espíritos Superiores (Anjos) com os traços tradicionais popularizados e sempre usados pelos artistas, caracterizados principalmente pelas ASAS.

Mas, conforme o Espiritismo nos ensina, tais Espíritos se deslocam (levitam) com facilidade, sem a utilização de apêndices voadores. E a análise dos pesquisadores tem confirmado este ensinamento.

Vejamos, por exemplo, as observações do físico Sir William Barrett, da Real Faculdade de Ciência de Dublin, que muito valorizou os relatos de crianças moribundas. Estas visualizaram Anjos sem asas, e o cientista concluiu que "se essas visões fossem alucinações, elas tenderiam a se assemelhar aos estereótipos popularizados." (*Visões em leitos de Morte,* W. Barrett, 1926/ *Viagens Psíquicas,* Time-Life Livros.)

Também, em pesquisas mais recentes de EQM, o Dr. Moody Jr., dedicando o Capitulo 3 de seu livro *A Luz do Além* às crianças, constatou que, "mesmo nas mais tenras idades, elas relatam os mesmos sintomas que os adultos de todas as culturas." Igualmente visualizam parentes e familiares luminescentes (que já faleceram), bem como um supremo Ser de Luz que muitas vezes é identificado como Deus, Jesus ou Anjo, sem a presença de asas.

Todos os Espíritos da tela (não os Anjos) são mostrados NUS, que é considerada uma "marca registrada" de Bosch, pois em numerosos trabalhos ele pintou figuras nuas.

Tratando-se de Espíritos, o artista não ficou longe da verdade, pois, no processo desencarnatório, a alma reingressa no Além com o perispírito nu, portanto, assemelhando-se aos recém-nascidos na Terra. Evidentemente, como era de se esperar, também no Mundo Espiritual são providenciadas vestimentas para os recém-desencarnados como acontece nas maternidades terrenas. (Ver *Obreiros da Vida Eterna,* André Luiz, F. C. Xavier, FEB, cap. 13.)

Trânsito entre as Esferas Espirituais

Entendemos que a *experiência do túnel,* relatada nas pesquisas das EQM, representa um transporte simples orientado por um foco de luz, que dá a impressão da existência de um túnel, geralmente próximo da Crosta terrestre. Mas não excluímos a possibilidade de que, em certo local, num Plano Espiritual elevado, um foco de luz possa orientar a passagem de Espíritos como Bosch pintou, caracterizando uma *Ascensão ao Céu.*

Sabemos que as Entidades, quanto mais evoluídas espiritualmente, com maior facilidade transitam entre os vários Planos ou Esferas vinculados ao campo magnético da Terra. Este tema é analisado detalhadamente nas obras *Cidade no Além* (André Luiz, Lucius, F.C. Xavier, Heigorina Cunha) e *Imagens do Além* (Lucius, Heigorina Cunha), ed. IDE.

Nas obras de André Luiz, recebidas pelo médium Francisco C. Xavier, encontramos referências a vários modos de se transitar de uma Esfera para outra, que, a seguir, transcreveremos com alguns grifos nossos nos textos:

1 – "No grande parque não há somente *caminhos* para o Umbral (...)" (*Nosso Lar,* FEB, 38ª ed., cap. 32, p. 175.)

2 – "Nossa peregrinação, francamente, foi muito pesada e dolorosa, e, somente aí avaliei, de fato, a enorme diferença da *estrada comum,* que liga a Crosta a 'Nosso Lar' e aquela agora percorrida a pé, vencendo obstáculos de vulto." (*Os Mensageiros,* FEB, 23ª ed., cap. 33, p. 176.)

3 – "(...) viajando sempre através da *entrada luminosa* e fácil de ser percorrida, em vista das possibilidades de volitação, (...)" (*Os Mensageiros,* p. 177.)

4 – Transporte pelas *águas,* num pequeno barco, quando André Luiz foi visitar sua mãe, que residia numa Esfera mais alta. (*Nosso Lar,* cap. 36, p. 196.)

5 – Pelos "campos de saída", expressão que define lugares limites, entre as Esferas inferiores e superiores. (*Libertação,* FEB, 9ª ed., cap. 3, p. 50 e cap. 19, p. 248.)

Um pintor moralista

Jeroen van Aeken, dito Hieronymus Bosch, nasceu e desencarnou em Hertogenbosch, Holanda, nos anos 1450 ou 1460 e 1516, respectivamente.

Em seu extenso trabalho, sendo que nenhum foi datado, Bosch mostrou-se muito ligado ao espírito religioso da Idade Média. Sempre voltado à moralidade, na tela *Os Sete Pecados Capitais* ele chegou a colocar no centro da mesma a inscrição latina, assim traduzida: "Cuidado, cuidado, Deus vê."

As suas principais obras são os trípticos, dentre eles: *O Jardim das Delícias* e *A Tentação de Santo Antão*. Outras telas famosas: *Jesus Carregando a Cruz, Coroa de Espinhos, S. João Batista no Deserto*.

23 - APARIÇÃO DA JERUSALÉM CELESTE A S. PEDRO NOLASCO

APARIÇÃO DA JERUSALÉM CELESTE A S. PEDRO NOLASCO, de Zurbarán (179 x 223 cm, Museu do Prado, Espanha)

"Os novos céus e a nova terra – A nova Jerusalém

E vi um novo céu, e uma nova terra. Porque já o primeiro céu e a primeira terra passaram, e o mar já não existe. E eu, João, vi a santa cidade, a nova Jerusalém (...) E ouvi uma grande voz do céu, que dizia: Eis aqui o tabernáculo de Deus com os homens, pois com eles habitará, e eles serão o seu povo, e o mesmo Deus estará com eles, e será o seu Deus. E Deus limpará de seus olhos toda a lágrima; e não haverá mais morte, nem pranto, nem clamor, nem dor; porque já as primeiras coisas são passadas. (...) Quem vencer, herdará todas as coisas; e eu serei seu Deus, e ele será meu filho. (...) E levou-me em espírito a um grande e alto monte, e mostrou-me a grande cidade, a santa Jerusalém, que de Deus descia do céu. E tinha a glória de Deus; e a sua luz era semelhante a uma pedra preciosíssima, como a pedra de jaspe, como o cristal resplandecente. E tinha um grande e alto muro com doze portas, e nas portas doze anjos, e nomes escritos sobre elas, que são os nomes das doze tribos de Israel. (...) E o muro da cidade tinha doze fundamentos, e neles os nomes dos doze apóstolos do Cordeiro. (...) E nela não vi templo, porque o seu templo é o Senhor Deus Todo-poderoso, e o Cordeiro. (...) o Cordeiro é a sua lâmpada. E as nações andarão à sua luz; (...) E não entrará nela coisa alguma que contamine, e cometa abominação e mentira; mas só os que estão inscritos no livro da vida do Cordeiro," (*Apocalipse do Apóstolo S. João,* 21: 1 a 4, 7, 10 *a* 12, 14, 22 a 24 e 27.)

João Evangelista, estando exilado na ilha de Patmos, escreveu o *Apocalipse,* último livro do *Novo Testamento,* que narra as suas visões proféticas quando foi "arrebatado em espírito", atendendo ao chamamento do Divino Mestre.

Transcrevemos acima alguns versículos do capítulo 21, deste livro, que pela primeira vez, com alguns detalhes, revela à Humanidade terrestre a realidade de uma vida organizada no Além, isto é, a existência de uma Humanidade no Mundo Espiritual, que também pode se organizar e habitar em cidades.

Antes desta, tivemos duas revelações sintéticas a respeito de moradias no Além. A primeira foi de Jesus quando elucidou-nos: "Há muitas moradas na casa de meu Pai". (João, 14:2) Com estas palavras podemos entender que ele referiu-se tanto aos planetas habitados, como às diferentes moradas nas Esferas Espirituais destes planetas.

E a segunda revelação está registrada na *Epístola de Paulo* aos Filipenses: "a nossa cidade está nos céus". (3:20)

No *Apocalipse,* João inicia o capítulo 21 dando-nos uma idéia de seu desdobramento espiritual, deixando, parcialmente, o corpo físico e dirigindo-se a um Plano Espiritual superior, onde avistou a nova Jerusalém.

Pela revelação espírita sabemos que cada Esfera ou Plano apresenta "um novo céu e uma nova terra" conforme o Apóstolo descreve. [Ver as obras *Cidade no Além* (Espíritos André Luiz e Lucius, F. C. Xavier, Heigorina Cunha, IDE) e *Imagens do Além* (Espírito Lucius, Heigorina Cunha, IDE).]

O que representa a nova Jerusalém, a Jerusalém Celestial?

Entendemos que ela é uma das inumeráveis cidades dos Planos Espirituais mais elevados do nosso planeta, habitadas por Espíritos já evangelizados, onde todos buscam ardentemente amar ao próximo como a si mesmo, com convicção inabalável da Paternidade Divina e confiantes no "fardo leve e jugo suave" do Cordeiro Divino.

As visões de S. Pedro Nolasco

S. Pedro Nolasco, (Languedoc, França, c. 1180 – Barcelona, Espanha, 1256), foi destacado sacerdote. Desde criança revelava terna compaixão pelo pobres.

Foi-lhe confiada a guarda do príncipe Jaime de Aragão quando este esteve aprisionado pelos cruzados. Restituído à liberdade e proclamado rei de Aragão, encarregou Nolasco de ir resgatar vários cristãos que estavam prisioneiros dos mouros.

Portador de sublimes dons mediúnicos, recebeu a visita de Nossa Senhora, que o estimulou ao trabalho pela redenção dos cativos. Foi quando ele fundou a Ordem de Santa Maria da Misericórdia para a Redenção dos cristãos cativos.

Em outro momento, quando programava uma viagem a Roma para visitar o túmulo de São Pedro, a quem dedicava especial devoção, também recebeu a visita do próprio Apóstolo, que o desaconselhou daquela longa e penosa viagem. (*Na Luz Perpétua,* J. B. Lehmann, Liv. Ed. Lar Católico, Juiz de Fora, MG; *Enciclopédia e Dicionário Internacional,* W.M. Jackson, Inc.)

E ainda, em outra ocasião, Nolasco teve a visão da Jerusalém Celeste descrita pelo Apóstolo João em seu *Apocalipse.*

Esta visão e a de S. Pedro foram perpetuadas em tela, alguns séculos depois, pela genialidade de Zurbarán, considerado o maior pintor do misticismo espanhol.

O belíssimo quadro *Aparição da Jerusalém Celeste a S. Pedro Nolasco,* elaborado sob encomenda da Ordem de Santa Maria da Misericórdia, apresenta-nos o conceituado confessor recolhido em sua humilde cela, aparentemente dormindo, apoiado sobre uma mesinha, onde se vê uma Bíblia aberta, indicando que ele, anteriormente, estudava os textos sagrados.

Neste clima de recolhimento e elevação espiritual, Nolasco, provavelmente, entrou em transe mediúnico, num processo de desdobramento, afastando-se do corpo físico, e mostrando-se, na tela, como se estivesse em sono profundo. Então, penetrando em outra dimensão, isto é, no Mundo dos Espíritos, avistou-se com uma Entidade elevada, provavelmente seu Protetor, que o pintor caracterizou como um Anjo.

Entendemos que, neste episódio, a Entidade deve tê-lo conduzido a um Plano Superior onde ele visualizou também – como aconteceu com o Apóstolo João, sob a assistência do Cristo – a Jerusalém Celeste.

A propósito, em um dos livros de André Luiz, há uma interessante passagem, em que o Autor, estando na colônia "Nosso Lar", se surpreendeu ao ver ao longe, dois Espíritos com características diferentes, pois eram encarnados, durante o sono físico, ambos mostrando o cordão fluídico (prateado) que os unia ao corpo material que ficou na Crosta. Nesta ocasião, Narcisa esclareceu-o com estas palavras:

"– Também eu, por minha vez, experimentei a mesma surpresa, em outros tempos. Aqueles são os nossos próprios irmãos da Terra. Trata-se de poderosos espíritos que vivem na carne em missão redentora e podem, como nobres iniciados da Eterna Sabedoria, abandonar o veículo corpóreo, transitando livremente em nossos planos. (...) Os encarnados, que conseguem atingir estas paragens, são criaturas extraordinariamente espiritualizadas, apesar de obscuras ou humildes na Terra." (*Nosso Lar,* F.C. Xavier, FEB, cap. 33.)

*Revelações progressivas da existência de cidades espirituais,
na Era Cristã*

Desde a Antiguidade, encontramos informações da existência, em outras dimensões, de Regiões onde habitam os Espíritos que já viveram na Crosta terrestre.

Estas notícias do Mais Além sempre giram em torno de locais onde predominam o prazer e a alegria, ou martírios incontáveis... regiões denominadas Céu ou Inferno... tudo em conseqüência das ações boas ou más praticadas na Terra. Mas estes relatos não especificam quanto à estrutura e organização dos mesmos, bem como aos detalhes da vida de seus hóspedes.

Por exemplo, no Antigo Egito acreditava-se na presença de um Céu, chamado Campos Elísios, onde os mortos aprovados no Julgamento decisivo, baseado na pesagem do coração (fonte do bem e do mal), passariam a ter uma existência feliz, com características muito próximas com as da vida que tinham vivido na Terra.

Contudo, "no *Livro dos Mortos,* pouca coisa se diz sobre as ocupações espirituais dos mortos abençoados. (...) também se desconhece uma cidade espiritual construída nos moldes da descrita no Apocalipse." (*O Livro Egípcio dos Mortos,* E. A. Wallis Budge, Ed. Pensamento-Cultrix Ltda., S. Paulo, SP, 4ª ed., p. 37 e 40.)

Outro exemplo, é o do Budismo, fundado por Buda no século V a.C, que afirma: "Por sobre o mundo material estendem-se planos imponderáveis habitados por seres divinos e felizes, e sob ele existem planos de sofrimento habitados por demônios e espíritos sofredores." (Enciclopédia *Mirador*)

Portanto, somente na Era Cristã a Humanidade começou a receber, de forma progressiva, revelações mais pormenorizadas do Mundo Espiritual, inclusive sobre a organização da vida dos Espíritos, com alguns detalhes sobre suas atividades e habitações.

Procurando seguir uma ordem cronológica, relacionaremos:

1 – O Mestre Jesus, Guia Espiritual da Humanidade, foi o portador da primeira informação da existência das habitações no Além, dizendo-nos que, no Universo, "na casa de meu Pai, há muitas moradas." (*João,* 14:2)

2 – Escrevendo aos Filipenses, o Apóstolo Paulo, (05 d.C. – 64), elucidou, como sempre, sob a inspiração de Estêvão que o assistia, em sintonia com Jesus: "a nossa cidade está nos céus, donde também esperamos o Salvador, o Senhor Jesus Cristo" (*Fil.,* 3:20, Trad. João Ferreira de Almeida, Soc. Bíblica do Brasil, Rio, RJ, 1950; *Paulo e Estêvão,* Emmanuel, F.C. Xavier, FEB, 7ª ed., 2ª Parte, cap. VII, p. 426.)

3 – No final do século I, o Apóstolo João registrou no *Apocalipse* a sua visita à Jerusalém Celeste, que foi promovida pelo próprio Cristo.

4 – S. Pedro Nolasco (1182 ou 1189-1256), na Espanha, em desdobramento espiritual, viu a mesma Jerusalém Celeste registrada no *Apocalipse.*

5 – Santa Clara de Montefalco, (? – 1308), nos seus êxtases, "foi chamada a contemplar a glória dos bem-aventurados sob a semelhança de uma cidade, situada num monte elevado." (*Mediunidade dos Santos*, Clovis Tavares, IDE, 3ª ed., p. 66.)

6 – O famoso poeta Dante Alighieri, (1265-1321), ao escrever a sua célebre *A Divina Comédia* (c. 1307-1313), baseada em suas "viagens", em desdobramento, aos Planos Espirituais, anotou a existência da cidade de Dite em regiões trevosas. Na tela de Delacroix, *Dante e Virgílio no Inferno*, analisada no Capítulo 19 deste livro, o pintor mostra-nos Dite com suas grandes mesquitas, rubras como torres em brasa viva.

7 – Emmanuel Swedenborg, (1688-1772) – o vidente sueco –, além de renomado cientista era dotado de várias mediunidades. Em seus desprendimentos, "verificou que o outro mundo, para onde vamos após a morte, consiste de várias esferas (...). Nessas verificou que os cenários e as condições deste mundo eram reproduzidas fielmente, do mesmo modo que a estrutura da sociedade. Viu casas onde viviam famílias, templos onde praticavam o culto, auditórios onde se reuniam para fins sociais, palácios onde deviam morar os chefes." (*História do Espiritismo*, Arthur Conan Doyle, Ed. Pensamento, Cap. I.)

8 – Voltaire, (1694-1778), em mensagem de 1859, confessou que, durante algum tempo após a sua desencarnação, relutou muito para aceitar a existência do Plano Espiritual, "uma verdade que o esmagava." Só se convenceu quando visualizou "as construções maravilhosas", habitadas pelos Espíritos. Diante do fato, ele escreveu: "Não me restava mais nenhuma ilusão quanto à minha importância pessoal, porque eu não sentia senão muito o quanto era pouca coisa nesse grande mundo dos Espíritos." (*Revista Espírita*, Allan Kardec, IDE, vol.II, setembro/ 1859, p. 237.)

9 – Em princípios de 1944, o extraordinário médium Francisco Cândido Xavier (1910-2002) já havia psicografado 18 obras, sendo todas de reconhecido valor.

A primeira foi *Parnaso de Além-Túmulo*, lançada em 1932. E, dentre as demais, os leitores já conheciam, de Emmanuel, os seus quatro primeiros romances, *A Caminho da Luz* e *O Consolador*; de Humberto de Campos, *Boa Nova* e *Brasil, Coração do Mundo, Pátria do*

Evangelho, todos estes, clássicos da literatura espírita, editados pela Federação Espírita Brasileira.

Apesar desta notável produção mediúnica, a 19ª obra: *Nosso Lar,* de André Luiz, lançada em 1944, igualmente editada pela conceituada FEB, pelas revelações que trouxe, descortinando-nos detalhes de uma cidade do Mundo Espiritual, a colônia "Nosso Lar", jamais apresentados à Humanidade, caracterizando um livro de impacto, surpreendeu a muitos e gerou dúvidas em alguns leitores.

E, André Luiz, na função de relator de um trabalho de equipe, porta-voz de sábios Benfeitores Espirituais, continuou trazendo suas preciosas informações em outros livros, inclusive com revelações científicas avançadas, constituindo a Série André Luiz, que pode ser considerada a mais importante contribuição mediúnica do século XX, um expressivo marco dentro da Doutrina Espírita. (Ver o tópico "Autor de autêntica revelação dentro da Terceira Revelação", cap. 39 desta obra.)

10 – Além de Francisco C. Xavier, outros médiuns têm sido intérpretes de revelações sobre cidades no Plano Espiritual. Dentre eles, citaremos: Yvonne A. Pereira, pelo desdobramento e psicografia (*Memórias de um Suicida,* FEB, 1954.) e Heigorina Cunha, pelo desdobramento (*Cidade no Além,* Espíritos André Luiz e Lucius, Francisco C. Xavier, 1983 e *Imagens do Além,* Espírito Lucius, 1994, ambos do IDE).

11 – Na atualidade, é crescente o interesse dos cientistas pelos relatos dos pacientes clinicamente mortos que voltam para contar suas experiências, provando que existe consciência independente do cérebro. São as chamadas Experiências de Quase-Morte. (Ver cap. 22.)

Tais pacientes, evidentemente, "passaram para o lado de lá e voltaram", como dizem; isto é, tiveram uma vivência no Plano Espiritual, semelhante ao fenômeno de desdobramento espiritual e recuperaram a consciência.

Um dos autores mais consagrados nesta questão, o pioneiro Dr. Raymond A. Moody Jr., tem registrado em seus livros, dentre os relatos de tais pacientes, a visualização de *cidades de luz.*

Diz ele: "Ocasionalmente, as pessoas vêem belas cidades de luz, que desafiam qualquer descrição devido à sua magnificência." (*A Luz do Além*, Nórdica, 2ª. ed., 1988, p. 21.)

Um dos pacientes assim relatou sua experiência:

"Em seguida, flutuei, atravessando um túnel escuro... e emergi numa luz brilhante... Um pouco mais tarde, eu estava com meus avós, meu pai e meu irmão, que já tinham morrido... E o lugar era lindo. Havia cores – cores vivas – não como as daqui da Terra, mas simplesmente indescritíveis. E pessoas – pessoas felizes... Pessoas por todos os lados, algumas reunidas em grupos. Algumas estavam aprendendo...

À distância... pude avistar uma cidade. Prédios... prédios separados uns dos outros. Eram polidos, brilhantes. As pessoas eram felizes ali. Água límpida, que refletia a luz, repuxos... creio que o melhor meio de descrever seria dizer 'uma cidade de luz'... Esplendorosa." (*Reflexões sobre Vida depois da Vida*, R. A. Moody Jr., Nórdica, 1ª ed., 1977, p. 30.)

Zurbarán, um dos maiores pintores do misticismo espanhol

Francisco de Zurbarán, (1598-1664), é uma das grandes figuras da pintura espanhola.

Com seu estilo barroco, especializou-se em retratar monges e santos, legando à posteridade telas notáveis, sendo considerado um dos maiores pintores do misticismo da Espanha.

As obras-primas de Zurbarán são: *Visão do padre Salmerón, Missa do padre Cabañuela* e *Apoteose de São Jerônimo*.

F – PROCESSO DESENCARNATÓRIO EM OBRA-PRIMA DE EL GRECO

24 - O ENTERRO DO CONDE DE ORGAZ

ENTERRO DO CONDE DE ORGAZ, de El Greco (óleo sobre tela, 480 x 360 cm – 1586/88, Igreja de São Tomé, Toledo, Espanha)

Esta tela, que se encontra na cidade de Toledo, sobre o próprio túmulo do conde de Orgaz, na igreja de São Tomé, é a mais famosa do célebre pintor El Greco.

Ela representa, basicamente, um considerado milagre, uma lenda para muitos, cultivada pela comunidade local: o conde de Orgaz, benemérito do distrito de Toledo e de um convento de monges agostinianos, ao ser sepultado foi tomado nos braços pelos Santos Agostinho e Estêvão.

Mas, El Greco foi muito mais além, dando asas à uma sublime inspiração, conseguindo integrar os dois Mundos: material e espiritual.

No plano inferior da tela, ele registrou uma cerimônia fúnebre com duas dezenas de fidalgos, alguns sacerdotes, e o próprio filho do pintor que segura a tocha ardente, e, ao centro, a cena do lendário milagre, havendo, portanto, uma harmoniosa integração de encarnados e desencarnados.

No plano superior, numerosos Anjos e Entidades veneráveis do

Velho e Novo Testamento formam uma grande corte em torno das figuras de Jesus e Maria. Dentre os Anjos, um se destaca na parte central, entre a Corte Celestial e o Mundo Físico, "transportando a alma do devoto" conde de Orgaz, a caminho de esferas mais altas.

Esta tão arrojada, inédita e surpreendente representação artística provocou, dos críticos de arte, os mais variados comentários, dentre os quais citaremos os seguintes: "O desejo de pintar o mundo espiritual invisível que se acentuou cada vez mais com o passar dos anos – levou o artista a romper com as convenções que representavam o mundo real e tangível." "Ele representou um drama cósmico, simultaneamente terreno e celestial." "El Greco impregna a pintura de uma busca inflamada de espiritualidade (...) com ânsia de imaterialidade. Sua arte visionária torna-se cada vez mais apaixonada." *(Pinacoteca Caras, Gênios da Pintura)*

No passado, ao interpretarem seu estilo original, El Greco foi também considerado louco, incompetente ou portador de delírio místico...

Semelhança da pintura com a realidade do processo desencarnatório

Ao tomarmos conhecimento desta tela, lembramo-nos, de imediato, da desencarnação de Dimas, descrita com detalhes, por André Luiz, Espírito, em seu livro *Obreiros da Vida Eterna* (Francisco C. Xavier, FEB, cap. XIII.)

Dimas, devotado médium espírita, estando gravemente enfermo há doze meses, chegara ao fim de sua jornada terrena.

No momento certo, uma equipe especializada em prestar assistência aos que se encontram próximos da libertação do vaso físico começa a agir. O dirigente deste grupo é Jerônimo que, no decorrer das atividades, transmite preciosas lições a André Luiz.

Enfoquemos, resumidamente, apenas o momento culminante da desencarnação, o processo básico em si, assim relatado pelo autor espiritual:

"Alcançáramos o coma em boas condições. (...) Era a última etapa. (...) Jerônimo quebrou alguma coisa que não pude perceber com minúcias, e brilhante chama violeta-dourada desligou-se da região craniana, absorvendo, instantaneamente, a vasta porção de substância leitosa já exteriorizada. Quis fitar a brilhante luz, mas confesso que era difícil fixá-la, com rigor. Em breves instantes, porém, notei que as forças em exame eram dotadas de movimento plasticizante. A chama mencionada transformou-se em maravilhosa cabeça, em tudo idêntica à do nosso amigo em desencarnação, constituindo-se, após ela, todo o corpo perispiritual de Dimas, membro a membro, traço a traço. E, à medida que o novo organismo ressurgia ao nosso olhar, a luz violeta-dourada, fulgurante no cérebro, empalidecia gradualmente, até desaparecer, de todo, como se representasse o conjunto dos princípios superiores da personalidade, momentaneamente recolhidos a um único ponto, espraiando-se, em seguida, através de todos os escaninhos do organismo perispirítico, assegurando, desse modo, a coesão dos diferentes átomos, das novas dimensões vibratórias."

A mãe de Dimas, já desencarnada, ali estava, sentada no leito, participando do trabalho assistencial, mantendo em seu colo a cabeça do moribundo.

Após o processo desencarnatório "a genitora abandonou o corpo grosseiro, rapidamente, e recolheu a nova forma, envolvendo-a em túnica de tecido muito branco, que trazia consigo."

Nesta narrativa, entendemos que a chama violeta-dourada,"como se representasse o conjunto dos princípios superiores da personalidade", corresponde à Alma (ou Espírito). A sede destes princípios que governam a individualidade é a Mente, portadora de um envoltório sutil chamado corpo mental. Este corpo mental é que presidiu a reconstituição do corpo espiritual (ou perispírito) de Dimas, no processo desencarnatório. (*Ação e Reação*, F.C. Xavier, cap. 19 e *Evolução em Dois Mundos,* F.C.Xavier e W. Vieira, 1ª Parte, cap. II, ambos de André Luiz, FEB.)

Comparando a descrição de André Luiz com a tela de El Greco, observa-se que o corpo espiritual do conde, nos braços do Anjo – evidentemente aqui representando um Espírito elevado, especializado em amparar recém-desencarnados – apresenta-se constituído de uma substância aparentemente gelatinosa, que lembra um corpo em formação, semelhante ao feto. Sua estatura é de criança, mas a fisionomia já lembra a do conde (adulto) e está despido.

Com esta análise, concluímos que o pintor, no século XVI, retratou com fidelidade admirável uma cena real de uma fase do processo desencarnatório, que somente em 1946, pela extraordinária mediunidade de Chico Xavier, receberíamos tal revelação espiritual.

E pode-se imaginar, com base na origem da tela *O Martírio de S. Dinis,* quando o pintor Bonnat se inspirou em quadro visto no Plano Espiritual (Ver capítulo 26), que também El Greco, provavelmente, ao desejar representar a alma do conde, no Céu, lembrou-se parcialmente do que viu no Além, em desdobramento durante um sono físico, isto é, ao presenciar um ato desencarnatório.

Portanto, o seu "desejo de pintar o mundo espiritual invisível" foi alcançado, legando-nos importante revelação, digna de sua portentosa obra-prima.

A partir desta tela, a sua "arte visionária" – assim conceituada pelos críticos – torna-se cada vez mais expressiva, surgindo *O Batismo de Cristo, Pentecostes, A Assunção* e outros.

"Seus últimos quadros são como visões"... eis aqui, no *Enterro do Conde de Orgaz,* uma delas!...

G – ORIGENS DE DOIS QUADROS ESCLARECIDAS POR REVELAÇÃO MEDIÚNICA

25 - O MENINO JESUS NO MEIO DOS DOUTORES

O MENINO JESUS NO MEIO DOS DOUTORES, de Ingres (óleo sobre tela, 265 x 320 cm – 1862, Museu lngres, Montauban, França)

0Mensagem mediúnica revela a existência de um quadro, ainda desconhecido, inspirado a Ingres

Na *Revista Espírita – Jornal de Estudos Psicológicos* (Ed. IDE. Quinto Ano – junho/1862.), Allan Kardec registrou a seguinte comunicação espontânea, recebida pela sra. Dozon, confreira da Sociedade Parisiense de Estudos Espíritas, em sua residência, a 9 de abril de 1862, assinada por "David, pintor", certamente Jacques Louis David, o grande mestre do neoclassicismo francês:

"*O Menino Jesus encontrado por seus pais pregando no Templo, no meio dos doutores.* (São Lucas, *Natividade*)

Tal é o assunto de um quadro inspirado a um dos nossos maiores artistas.

(...) Contemplando o quadro de Ingres, a visão se afasta, com pesar, para retornar a essa figura de Jesus, onde há uma mistura de divindade, de infância e também alguma coisa da flor; essas roupagens, essa veste de cores frescas, jovens, delicadas, lembram esses suaves coloridos sobre os caules perfumados. Tudo merece ser admirado na obra-prima de Ingres. Mas a alma ama, sobretudo, nela contemplar os dois tipos adoráveis de Jesus e de sua divina Mãe. (...) Vós a estudareis um dia; mas eu vi as primeiras pinceladas dadas sobre essa tela bendita. Vi nascer uma a uma as figuras, as poses dos doutores; vi o anjo protetor de Ingres lhe inspirando para fazer cair os pergaminhos das mãos de um desses doutores; porque ali, meu Deus, está toda uma revelação! Essa voz de criança destruirá também, uma a uma, as leis que não são suas.

Não quero fazer aqui da arte como ex-artista; eu sou Espírito, e, para mim, só a arte religiosa me toca. Também vi nesses ornamentos graciosos das cepas de vinha a alegoria da vinha de Deus, onde todos os humanos devem chegar a se consolar, e disse a mim com uma alegria profunda que Ingres vinha de fazer amadurecer um de seus belos cachos. (...) David, pintor."

Quadro "O menino Jesus no meio dos Doutores" é encontrado e confirma a revelação mediúnica

Em seguida à publicação dessa mensagem, Kardec redigiu um sucinto e admirável comentário, a seguir transcrito, historiando todos os seus passos no presente caso, constituindo um modelo de pesquisa: 1. procura do quadro 2. análise do mesmo 3: entrevista com o médium (pintor) 4. relato da experiência à Sociedade, onde o Espírito de Lamennais, através de outro médium, analisou a questão e confirmou a característica inspirativa da referida tela.

"A senhora Dozon nem seu marido haviam ouvido falar desse quadro; tendo nós mesmos dele nos informado junto a vários artistas, nenhum tinha conhecimento, e começamos a crer numa mistificação. O melhor meio de esclarecer essa dúvida era dirigir-se diretamente ao artista, para se informar se tratara esse assunto; foi o que a senhora Dozon fez. Entrando no atelier, viu o quadro, terminado há somente alguns dias e, conseqüentemente, desconhecido do público. Esta revelação espontânea é tanto mais notável quanto a descrição que dela dá o Espírito, é de uma exatidão perfeita. Tudo está ali: cepa da vinha, pergaminhos caídos no chão, etc. Este quadro está ainda exposto na sala do bulevar dos Italianos, onde fomos vê-lo, e ficamos, como todo mundo, admirados diante dessa página sublime, uma das mais belas, sem contradita, da pintura moderna. Do ponto de vista da execução, é digna do grande artista que, o cremos, nada fez de superior, apesar de seus oitenta e três anos; mas o que dela faz uma obra-prima, fora de linha, é o sentimento que a domina, a expressão, o pensamento que faz jorrar, de todas esses rostos sobre os quais lê-se a surpresa, a estupefação, a emoção, a dúvida, a necessidade de negar, a irritação de se ver abater por um menino; tudo isto é tão verdadeiro, tão natural, que se põe a colocar as palavras em cada boca. Quanto ao menino, é de um ideal que deixa longe, atrás dele, tudo o que foi feito sobre o mesmo assunto; não é um orador que fala aos seus ouvintes: não os olha mesmo; adivinha-se nele o órgão de uma voz celeste.

Em toda esta concepção, sem dúvida, há o gênio, mas há, incontestavelmente, a inspiração. O Sr. Ingres, ele mesmo, disse que não havia composto esse quadro nas condições comuns; começou, disse ele, pela arquitetura, o que não é de seus hábitos; em seguida vieram os personagens, por assim dizer, colocarem-se eles mesmos sob seu pincel, sem premeditação de sua parte. Temos motivos para pensar que esse trabalho se prende a coisas das quais ter-se-á a chave mais tarde, mas sobre as quais devemos ainda guardar o silêncio, como sobre muitas outras.

Tendo o fato acima sido narrado na Sociedade, o Espírito de Lamennais ditou espontaneamente, nessa ocasião, a comunicação seguinte:

Sobre o quadro do Sr. Ingres

(Sociedade Espírita de Paris, 2 de maio de 1862. – Médium, Sr. A. Didier.)

Falei-vos, recentemente, de Jesus menino no meio dos doutores, e fazia ressaltar sua iluminação divina no meio das sábias trevas dos sacerdotes judeus. (...) Ingres nos mostra, em sua nova obra, o estudo

1-a - *Vinde a Mim,* Carl Bloch.

1-b - *Jesus Cristo,* V. Caruso.
(Reprodução autorizada pela Editora Paulinas)

2 - *Nossa Senhora, Mãe de Jesus,*
Vicente Avela e Chico Xavier/Emmanuel.

3 - *Moisés*, Rembrandt.

4 - *O Festim de Baltazar*, Rembrandt.

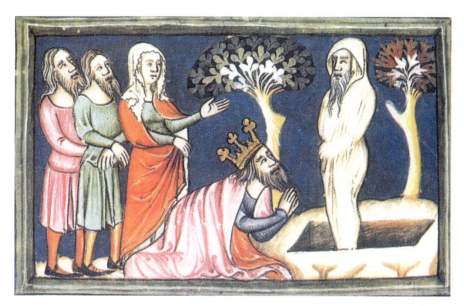

5 - *Rei Saul, o fantasma do profeta Samuel e a pitonisa de En-Dor*, Autor desconhecido.

6 - *Anunciação*, Leonardo da Vinci (?).

7 - *A Transfiguração*, Rafael. (Parte superior.)
8 - *A Transfiguração*, Rafael. (Parte inferior.)

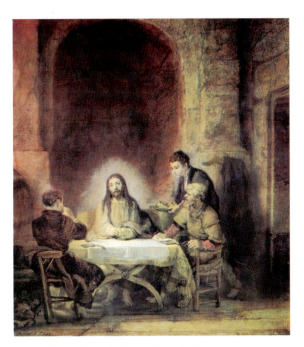

9 - *Os Discípulos de Emaús*, Rembrandt.

10 - *São Mateus*, Guido Reni.

11 - *Pentecostes,* El Greco.

12 - a - *A libertação de São Pedro* (detalhe), Rafael.

12 - b - *A libertação de São Pedro* (detalhe), Rafael.

13 - *A conversão de São Paulo*, Caravaggio.

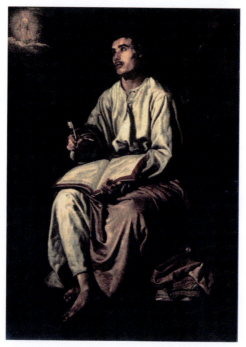

14 - *São João, o Evangelista, na ilha de Pátmos*, Velázquez.

15 - *a* - *A volta do Filho Pródigo,* Rembrandt.

15 - *b* - *A volta do Filho Pródigo* (detalhe), Rembrandt.

16 - *O Bom Samaritano*, Rembrandt.

17 - *Sant'Ana, a Virgem e o Menino,* Leonardo da Vinci.

18 - *A morte de Sócrates,* David.

19 - *Dante e Virgílio no Inferno*, Delacroix.

20 - *A Voz dizia: "Vai à França"*, Tiago Wagrez.

21 - *Huss perante o Concílio de Constância*, V. Brozik.

22 - *Ascensão ao Céu*, Bosch.

23 - *Aparição de Jerusalém Celeste a S. Pedro Nolasco*, Zurbarán.

24 - a - *O enterro do Conde de Orgaz*, El Greco.

24 - b - *O enterro do Conde de Orgaz* (detalhe), El Greco.

25 - *O menino Jesus no meio dos Doutores,* Ingres.

26 - *O martírio de São Dinis*, Bonnat.

27 - *A aparição do Prior ao sacristão Hubert,* Autor desconhecido.

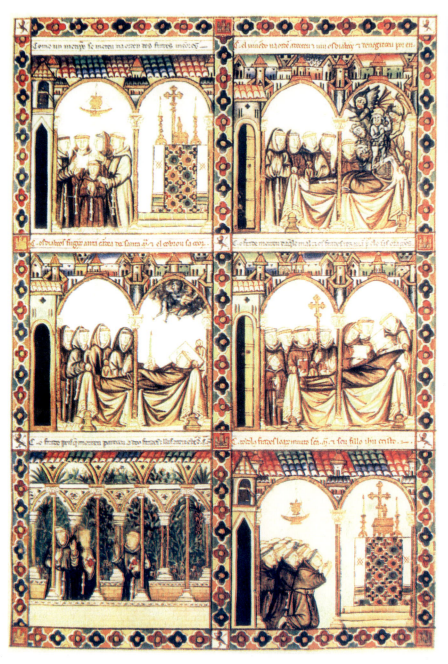

28 - *A aparição do irmão menor a seus irmãos,* Autor desconhecido.

29 - *A Providência guia Cabral*, Eliseo Visconti.

30 - *Partida de Estácio de Sá da Bertioga para o Rio* (detalhe), Benedito Calixto.

31 - *Martírio de Tiradentes,* Aurélio de Figueiredo.

32 - *Grito do Ipiranga,* Pedro Américo.

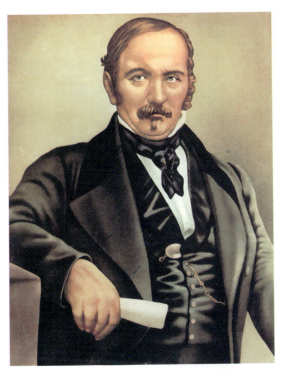

33 - *Allan Kardec*, fotografia do século XIX.

34 - *Bezerra de Menezes*, J. Simón.

35 - *Eurípedes Barsanulfo*, J. Simón.

36 - *Emmanuel (Públio Lentulus)*, Delpino Filho.

37 - *Emmanuel*,
Anna Cortázzio.

38 - *Meimei*,
Anna Cortázzio.

39 - *André Luiz*, Jô e Waldo Vieira.

40 - *Scheilla*, Vicente Avela / Tongo e Chico Xavier.

41 - *Joanna de Ângelis,* Aurora Parpal.

42 - *Francisco Cândido Xavier,* João Pio de Almeida Prado.

43 a 47- *Selos Postais Brasileiros com motivos espíritas.*

do artista, mas também sua inspiração mais pura e a mais ideal; (...) Nós outros, Espíritos, aplaudimos as obras espiritualistas tanto quanto censuramos a glorificação dos sentimentos materiais e do mau gosto. (...) É um grande exemplo o desse velho de oitenta anos, que representa, no meio da sociedade corrompida, o triunfo do Espiritualismo, com o gênio sempre jovem e sempre puro da fé. Lammenais."

Ingres, notável desenhista e retratista

Dos inúmeros alunos do famoso pintor francês Jacques Louis David (1749-1825), Ingres foi o mais talentoso.

Também francês, Jean Auguste Dominique Ingres nasceu em Montauban, a 29 de outubro de 1780, e desencarnou em Paris, a 14 de janeiro de 1867.

Viveu na Itália, de 1835 a 1840, ocupando o posto de diretor da Academia de França em Roma, onde formou numerosos seguidores. Voltou a Paris em 1841, agora como mestre incontestável da arte oficial francesa. Duques entravam em fila para terem seus retratos pintados, instituições imploravam por grandes temas simbólicos.

"Suas composições revelam duas influências contraditórias: um classicismo inspirado em Rafael e nos escultores antigos, e um gosto pelo arabesco atormentado, principalmente nos nus, tratados com sensualidade e liberdade de linhas". É considerado o maior desenhista de sua época, e a sua grandeza como retratista é incontestável.

As principais obras de Ingres são: *Édipo e a Esfinge, O Sonho de Ossian, A Apoteose de Homero, O Banho Turco,* os retratos de *Monsieur Bertin, de Granet* e o seu *Auto-Retrato com Vinte e Quatro Anos.*

(*Mestres da Pintura – Ingres,* Abril Cultural; *Enciclopédia Mirador Internacional.)*

26 - O MARTÍRIO DE SÃO DINIS

O MARTÍRIO DE SÃO DINIS, de L. Bonnat (pintura mural – fins do século 19, Panthéon, Paris)

Desde a leitura de *Os Mensageiros,* de André Luiz, psicografado pelo médium Francisco Cândido Xavier (FEB, 1ª ed., 1944.), tivemos a curiosidade de conhecer o quadro do pintor francês Léon Joseph Florentin Bonnat intitulado *O Martírio de São Dinis (Le Martyre de Saint Denis),* que, no Capítulo 16 daquele livro, além de vir minuciosamente descrito, tem também esclarecida a sua origem espiritual.

A nossa pesquisa – pessoal e com o auxílio de confrades amigos – acerca da famosa obra pictórica, em livros especializados de várias bibliotecas de nosso país, foi infrutífera.

Mas, recentemente, tivemos a alegria de conhecê-la através de foto trazida da França pelo estimado primo Coronel Placedino Arantes, atendendo, mui gentilmente, nossa solicitação*. Ao recebermos a tão esperada encomenda, ficamos sabendo que, em Paris, não foi fácil localizar o famoso quadro, mesmo com o auxílio do médico amigo Dr. Jean Pierre Delevallée, residente naquela Capital, pois foram informados de que todas as obras de arte haviam sido retiradas do Panthéon, local indicado por nós com base em informação do próprio texto de André Luiz. Como tais obras tomaram destinos variados, resolveram consultar bibliotecas especializadas, encontrando farto documentário da realização artística de Bonnat, menos a reprodução da pintura procurada...

(*) Recebemos essa foto em 1984, que nos permitiu a elaboração do artigo "Antecedentes Espirituais de Famoso Quadro de Bonnat" para o *Anuário Espírita 1985.*

Porém, alguns dias após, certamente instruídos por oportuna e decisiva inspiração, os nossos amigos resolveram visitar o Panthéon (até então jamais visitado pelo médico cicerone), e, para grande surpresa de ambos, lá estava o célebre e grande quadro, pintado na própria parede (daí não ter sido retirado...) do seu majestoso *hall* de entrada.

Sabe-se que, a partir de 1874, as paredes do famoso Panthéon (ou Igreja de Santa Genoveva) foram decoradas com magníficas pinturas murais, inspiradas em temas da história nacional, pelos mais célebres pintores da época.

* * *

Ao reproduzirmos o belíssimo quadro, não poderíamos deixar de transcrever a verdadeira história dessa obra de Bonnat, que André Luiz, Espírito, colheu em sua proveitosa visita a um Posto de Socorro em região umbralina, localizada entre a cidade espiritual "Nosso Lar" e a Crosta Terrestre. Sua narrativa também apresenta preciosos ensinamentos em torno da arte, como veremos a seguir:

"Deslumbrava-me a visão do castelo soberbo!

(...) Atingindo o edifício central, construído à maneira de formoso castelo europeu dos tempos feudais, fomos defrontados por um casal extremamente simpático.

– Meu caro Aniceto! – falou o cavalheiro, abraçando o nosso orientador.

– Meu caro Alfredo! Minha nobre Ismália! – respondeu Aniceto, sorridente.

Após as saudações afetuosas, apresentou-nos, lisonjeiro. O casal abraçou-nos, evidenciando cordialidade e atenção amiga.

– Nosso prezado Alfredo – continuou Aniceto, elucidando – é o dedicado Administrador deste Posto de Socorro. Há muito tempo consagrou-se ao serviço de nossos irmãos ignorantes e desviados.

(...) Alfredo conduziu-nos ao interior doméstico. (...) Admirado, fixei as paredes, de onde pendiam quadros maravilhosos. Um deles, contudo, impunha-me especial atenção. Era uma tela enorme, representando o martírio de São Dinis, o apóstolo das Gálias rudemente supliciado nos primeiros tempos do Cristianismo, segundo meus humildes conhecimentos de História. Intrigado, recordei que vira, na Terra, um quadro absolutamente igual àquele. Não se tratava de um famoso trabalho de Bonnat, célebre pintor francês dos últimos tempos? A cópia do Posto de Socorro, todavia, era muito mais bela. A lenda popular estava lindamente expressa nos mínimos detalhes. O glorioso Apóstolo, seminu, com a cabeça decepada, tronco aureolado de intensa luz, fazia um esforço por levantar o próprio crânio que lhe rolara aos pés, enquanto os assassinos o contemplavam, tomados de intenso horror; do alto, via-se descer um emissário divino, trazendo ao Servo do Senhor a coroa e a palma da vitória. Havia, porém, naquela cópia, profunda luminosidade, como se cada pincelada contivesse movimento e vida.

Observando-me a admiração, Alfredo falou, sorrindo:

– Quantos nos visitam, pela primeira vez, estimam a contemplação desta cópia soberba.

– Ah! sim – retruquei –, o original, segundo estou informado, pode ser visto no Panteão de Paris.

– Engana-se – elucidou o meu gentil interlocutor –, nem todos os quadros, como nem todas as grandes composições artísticas, são originariamente da Terra. É certo que devemos muitas criações sublimes à cerebração humana; mas, neste caso, o assunto é mais transcendente. Temos aqui a história real dessa tela magnífica. Foi idealizada e executada por nobre artista cristão, numa cidade espiritual muito ligada à França. Em fins do século passado, embora estivesse retido no círculo carnal, o grande pintor de Baiona visitou essa colônia em noite de excelsa inspiração, que ele, humanamente, poderia classificar de maravilhoso sonho. Desde o minuto em que viu a tela, Florentino Bonnat não descansou enquanto não a reproduziu, palidamente, em desenho que ficou célebre no mundo inteiro. As cópias terrestres, todavia, não têm essa pureza de linhas e luzes, e nem mesmo a reprodução, sob nossos olhos, tem a beleza imponente do original, que já tive a felicidade de contemplar de perto, quando organizávamos, aqui no Posto, homenagens singelas para a honrosa visita que nos fez o grande servo do Cristo. Para movimentar as providências necessárias, visitei pessoalmente a cidade espiritual a que me referi.

Grande espanto apossara-se-me do coração. Via, agora, explicada a tortura santa dos grandes artistas, divinamente inspirados na criação de obras imortais; agora, reconhecia que toda arte elevada é sublime na Terra, porque traduz visões gloriosas do homem na luz dos planos superiores.

Parecendo interessado em contemplar meus pensamentos, Alfredo considerou:

– O gênio construtivo expressa superioridade espiritual com livre trânsito entre as fontes sublimes da vida. Ninguém cria sem ver, ouvir ou sentir, e os artistas de superior mentalidade costumam ver, ouvir e sentir as realizações mais altas do caminho para Deus."

Bonnat, celebre retratista dos séculos 19 e 20

Léon Joseph Florentin Bonnat, destacado pintor francês, nasceu na cidade de Bayonne, em 1833, e deixou o Plano Físico em Monchy-Saint-Eloi, Oise, no ano de 1922.

Foi membro da Academia de Belas Artes e diretor da Escola de Belas Artes.

Dentre suas telas mais famosas, citaremos: *O Martírio de Santo André, S. Vicente de Paulo tomando o lugar de um Galeriano, O Martírio de São Dinis.*

Com os quadros de Victor Hugo, Thiers, Renan e outras figuras ilustres, tornou-se notável retratista.

(*Enciclopédia e Dicionário Internacional*, Jackson W.M. Jackson)

H – IMAGENS DE FANTASMAS DA IDADE MÉDIA

27 – APARIÇÃO DO PRIOR AO SACRISTÃO HUBERT

Na idade Medieval, as imagens de fantasmas começaram a tornar-se numerosas no século XIII.

Relatando 55 milagres atribuídos à Maria, mãe de Jesus, o monge francês Gautier de Coincy compôs a obra *Miracles de Notre Dame (Milagres de Nossa Senhora),* em torno de 1220-1230. Esse livro foi muito valorizado, pois dele se conhecem quase cem manuscritos.

Nos casos relatados, Maria interveio na vida de seus devotos para protegê-los ou curá-los quando encarnados, ou socorrê-los no momento da morte ou na vida espiritual.

No episódio do prior de um mosteiro, ele, em vida, cometeu muitos pecados, mas nunca deixou de venerar a Santíssima. Exatamente um ano após a sua desencarnação, quando o monge sacristão Hubert, numa madrugada, acendia as lâmpadas da igreja, preparando-a para as matinas, este ouviu uma voz nítida e forte chamá-lo com estas palavras: "– Hubert, querido irmão."

O sacristão, com muito medo, pois identificou a voz do prior, correu para sua cama e novamente adormeceu. Mas, em sonho, o Espírito conseguiu transmitir a sua mensagem: após censurar o irmão por ter fugido do diálogo, ele contou-lhe que muito sofreu naquele primeiro ano de vida além-túmulo, mas agora estava liberto em virtude da devoção que sempre demonstrou em relação à Virgem.

Ao acordar, Hubert comunicou sua extraordinária experiência ao abade, que, considerando um milagre, logo providenciou uma oração de agradecimento à Santíssima, juntamente com seus monges.

E, pouco tempo depois, o monge sacristão veio a desencarnar.

* * *

Em um dos manuscritos da obra *Miracles de Notre Dame,* a única ilustração do caso enfoca a primeira ação do Espírito, quando se aproxima de Hubert. O prior se mostra com a vestimenta de um monge encarnado, como realmente pode ocorrer; e o seu gesto de levantar o dedo significa, evidentemente, que ele fala com o sacristão. O objetivo do artista de mostrá-lo descalço, talvez seja para caracterizá-lo como habitante do Além ou necessitado de orações.

Em outro manuscrito da mesma obra, a ilustração apresenta-se em quatro partes, mostrando a seqüência do chamado milagre.

Na primeira vinheta Hubert acende as lâmpadas do altar e o Espírito (fantasma), coberto por um capuz, cruza as mangas de seu hábito para a frente, que pode significar uma atitude humilde de criatura necessitada.

Na segunda vinheta vê-se a representação do sonho de Hubert. Com a imagem clássica de sonho, as cortinas se afastam delimitando o espaço do encontro onírico. E o prior mostra-se perfeitamente como um ser encarnado, com postura corporal e gesto com a mão de quem dialoga com o sacristão recolhido em seu leito.

As demais vinhetas mostram: o sacristão Hubert expondo ao abade e aos monges seus encontros com o Espírito do prior; e os funerais dele mesmo.

28 – A APARIÇÃO DO IRMÃO MENOR A SEUS IRMÃOS

Na obra *Cantigas de Santa Maria,* escrita pelo rei Alfonso X, o Sábio, em torno de 1270, encontramos mais de trezentos milagres, segundo a tradição medieval, realizados pela Mãe de Jesus.

Dentre esses milagres, dois são casos de aparições de Espíritos (fantasmas). E, dos dois, o mais interessante, a nosso ver, é o relato da desencarnação e, a seguir, da aparição de um irmão menor.

A história desse irmão, protegido pela Virgem, é ilustrada com seis vinhetas, que preenchem uma página da obra, mostrando, sucessivamente, como são feitas hoje as histórias em quadrinhos, os vários episódios.

Na primeira imagem, vê-se a admissão do sacerdote na Igreja. A segunda registra a sua desencarnação, com a face do cadáver mostrando-se muito escura, em conseqüência do negrume de sua alma, cheia de pecados, que atraiu vários Espíritos inferiores ("demônios"). Na seqüência, com a colocação de um círio na mão do morto, que é o emblema de Santa Maria, Ela o socorre e os demônios se afastam, quando, então, o rosto do irmão volta a ficar totalmente branco.

Na quarta vinheta, aparece a cena dos funerais. A quinta mostra a aparição do irmão menor a outros dois irmãos no claustro. Esse Espírito revela-se com características tão semelhantes aos encarnados, que não se pode afirmar com segurança qual dos irmãos já reside no Além. Provavelmente, trata-se do personagem da esquerda, que não ostenta o livro de capa vermelha nas mãos.

E, na imagem final, os irmãos agradecem à Nossa Senhora, de joelhos, diante do altar, as bênçãos (os milagres) recebidas: o afastamento dos demônios e a manifestação espiritual do Irmão menor.

A aparição do irmão menor está perfeitamente de acordo com numerosos relatos de casos semelhantes, em todas as épocas da Humanidade, obedecendo à Lei Natural, nos quais os "fantasmas" – assim chamadas as materializações de corpos espirituais ou quando os Espíritos são visualizados pelos médiuns videntes – apresentam-se com a aparência nítida de uma criatura encarnada e, muitas vezes, são confundidos totalmente com os vivos do Plano Físico.

A Mediunidade no Período Medieval

Através da mediunidade, importante dom natural das criaturas humanas, processa-se o intercâmbio entre os encarnados e os que já deixaram o corpo físico.

Desde a mais remota antiguidade, existe a crença na existência e intervenção dos Espíritos em nossa vida material, alicerçada em fatos evidentes e incontáveis.

Especificamente na Idade Média, observa-se facilmente, segundo textos de estudiosos, que, ao longo deste Período da Humanidade, compreendido entre o começo do século V e meados do século XV, a constituição dos Espíritos aparece sempre dotada de corporeidade, tanto nos relatos de aparições quanto nos registros de imagens de fantasmas. Contrariando assim, a *teoria agostiniana*, que afirmou serem os anjos (e, entre eles, os anjos maus, os demônios) os únicos Espíritos que fariam a mediação entre o Além e o mundo carnal. A experiência sempre mostrou que os anjos e os demônios não são os únicos Espíritos capazes de mover-se por si próprios; os chamados "fantasmas" também são Espíritos perfeitamente capazes de se comunicarem com os encarnados.

Portanto, apesar da autoridade de Santo Agostinho (354-430), a sua teoria de fantasmas foi profundamente contestada, no decurso de todo o Período Medieval, em face do grande número de narrativas e de representações interessantes que, aos poucos, deram aos fantasmas uma importância e funções maiores do que o Pai da Igreja latina podia imaginar.

* * *

No final do século XVIII, Santo Agostinho esteve presente numa grande Assembléia constituída de numerosas delegações de Espíritos "sábios e benevolentes, heróis e paladinos da renovação terrestre", realizada nas Esferas Superiores, quando a voz do Espírito da Verdade se fez ouvir, apresentando o Apóstolo da Fé que se preparava para reencarnar, brevemente, na figura de Allan Kardec. (*Cartas e Crônicas,* Irmão X, F. C. Xavier, FEB, Cap. 28.)

A partir de meados do século seguinte, Santo Agostinho participou ativamente, em Espírito, da Codificação Kardequiana. Já na abertura de *O Livro dos Espíritos,* surge o seu nome como um dos ilustres signatários dos Prolegômenos. E suas colaborações preciosas passam a integrar, além da obra pioneira, os seguintes livros: *O Livro dos Médiuns, O Evangelho Segundo o Espiritismo* e *O Céu e o Inferno,* e vários números da *Revista Espírita* (Revue Spirite).

E no século XX, Francisco Cândido Xavier recebeu algumas mensagens de Agostinho, das quais alguns pensamentos foram publicados no livro *Dicionário da Alma* (Autores Diversos, FEB).

I – HISTÓRIA DO BRASIL

29 - A PROVIDÊNCIA GUIA CABRAL

A PROVIDÊNCIA GUIA CABRAL, de Eliseu Visconti (óleo sobre tela, 180 x 108 cm – 1899, Pinacoteca do Estado, São Paulo, SP)

Como veremos no texto, a seguir, o pintor Eliseu Visconti foi altamente inspirado ao elaborar esta tela comemorativa do Descobrimento do Brasil.

Dentro de um simbolismo magnífico, a presença etérea da Providência, na figura de um Anjo feminino, domina a cena empunhando uma tocha para iluminar a rota do descobridor.

Cabral, à frente de dois personagens e sob as grandes velas da embarcação, manobra o leme.

A Providência, situada num plano mais elevado, guia o pensamento do capitão-mor com a representação simbólica da atuação da mão esquerda sobre sua cabeça.

Na realidade, sabemos que, nessa situação, a influência espiritual é pela via mental, intuitiva, mas, curiosamente, observa-se que o dedo indicador da Providência aponta para a região cerebral da pequena epífise – a importante glândula da vida mental, como se utilizasse de uma técnica para facilitar a recepção do Seu pensamento por Cabral. (Ver *Missionários da Luz*, André Luiz, Francisco C. Xavier, FEB, cap. 2, "A Epífise".)

No plano de fundo da tela, vê-se o azul do Oceano Atlântico iluminado pela claridade suave de um amanhecer.

Antecedentes espirituais do descobrimento sob as determinações de Jesus

No entardecer do dia 22 de abril de 1500, o navegador Pedro Álvares Cabral, que havia partido de Portugal com uma esquadra de dez naus e três caravelas, transportando 1.500 homens, avistou a costa do Brasil, descobrindo, assim, a nossa pátria.

Não há provas documentais acerca da intencionalidade do descobrimento do Brasil. Porém, hoje, os historiadores descartam a hipótese da casualidade, segundo a qual a frota portuguesa teria se afastado de sua rota e, involuntariamente, encontrado a costa brasileira.

A existência de terras a ocidente do Atlântico era, com certeza, do conhecimento de Portugal, pois Cristóvão Colombo já havia descoberto a América e o Tratado de Tordesilhas, de 1494, já lhe garantia a posse de parte dessas terras, e, portanto, é natural que a frota de Cabral procurasse atingi-las.

Esta é uma síntese do descobrimento como é conhecida no nosso Plano material. Mas, segundo relato de Humberto de Campos, Espírito, baseado em Arquivos do Plano Espiritual, na obra *Brasil, Coração do Mundo, Pátria do Evangelho* (Francisco C. Xavier, FEB, cap. I e II), a atuação dos Espíritos foi intensa, obedecendo às determinações de Jesus, muito tempo antes do acontecimento.

A Entidade escolhida para essa missão foi Helil, um dos seus valorosos mensageiros, que, sob o firmamento estrelado ostentando o Cruzeiro do Sul – o símbolo da redenção humana –, e contemplando "as maravilhas daquela terra nova, que seria mais tarde o Brasil", ouviu dos lábios do Mestre a seguinte definição de sua futura tarefa:

– Para esta terra maravilhosa e bendita será transplantada a árvore do meu Evangelho de piedade e de amor. No seu solo dadivoso e fertilíssimo, todos os povos da Terra aprenderão a lei da fraternidade universal.

Tu, Helil, te corporificarás na Terra, no seio do povo mais pobre e mais trabalhador do Ocidente; instituirás um roteiro de coragem, para que sejam transpostas as imensidades desses oceanos perigosos e solitários, que separam o velho do novo mundo. (...) Aqui, Helil, sob a luz misericordiosa das estrelas da cruz, ficará localizado o coração do mundo!"

Estas decisões do Cristo foram cumpridas na íntegra.

"Daí a alguns anos, o seu mensageiro se estabelecia na Terra, em 1394, como filho de D.João I e de D. Filipa de Lencastre, e foi o heróico Infante de Sagres, que operou a renovação das energias portuguesas, expandindo as suas possibilidades realizadoras para além dos mares.

(...) Desde a expedição de Ceuta, o Infante deixou transparecer, em vários documentos que se perderam nos arquivos da Casa de Avis, que tinha a certeza da existência das terras maravilhosas, cuja beleza haviam contemplado os seus olhos espirituais, no passado longínquo. Toda a sua existência de abnegação e ascetismo constituíra uma série de relâmpagos luminosos no mundo de suas recordações. A prova de que os seus estudos particulares falavam na terra desconhecida é que o mapa de André Bianco, datado de 1448, mencionava uma região fronteira à África. Para os navegadores portugueses, portanto, a existência da grande ilha austral já não era assunto ignorado."

D. Henrique de Sagres desencarnou na vila de Sagres em 1460.

"Novamente no Além – conta-nos Humberto de Campos –, o antigo mensageiro do Mestre não descansou, chamando a colaborar com ele numerosas falanges de trabalhadores devotados à causa do Evangelho do Senhor.

(...) Eleva-se então ao poder D. João II, (...). Junto do seu coração, o emissário invisível encontra grandes aspirações, irmãs das suas." Mas, D. João II morre em 1495.

"Todavia, os planos da Escola de Sagres estavam consolidados. Com a ascensão de D. Manuel I ao poder, nada mais se fez que atingir o fim de longa e laboriosa preparação. Em 1498, Vasco da Gama descobre o caminho marítimo das Índias e, um pouco mais tarde, Gaspar de Corte Real descobre o Canadá. Todos os navegadores saem de Lisboa com instruções secretas quanto à terra desconhecida, que se localizava fronteira à África (...)."

Finalmente, com a expedição de Cabral,
D. Henrique (Helil) completa a sua missão

Com destino às Índias, a grande expedição de Cabral partiu no dia 9 de março de 1500.

"No oceano largo, o capitão-mor considera a possibilidade de levar a sua bandeira à terra desconhecida do hemisfério sul. O seu desejo cria a necessária ambientação ao grande plano do mundo invisível. Henrique de Sagres aproveita esta maravilhosa possibilidade. Suas falanges de navegadores do Infinito se desdobram nas caravelas embandeiradas e alegres. Aproveitam-se todos os ascendentes mediúnicos. As noites de Cabral são povoadas de sonhos sobrenaturais e, insensivelmente, as caravelas cedem ao impulso de uma orientação imperceptível. Os caminhos das Índias são abandonados. Em todos os corações há uma angustiosa expectativa. O pavor do desconhecido empolga a alma daqueles homens rudes, que se viam perdidos entre o céu e o mar, nas imensidades do Infinito. Mas, a assistência espiritual do mensageiro invisível, que, de fato, era ali o divino expedicionário, derrama um claror de esperança em todos os ânimos. As primeiras mensagens da terra próxima recebem-nas com alegria indizível. As ondas se mostram agora, amiúde, qual colcha caprichosa de folhas, de flores e de perfumes. Avistam-se os píncaros elegantes da plaga do Cruzeiro e, em breves horas, Cabral e sua gente se reconfortam na praia extensa e acolhedora. Os naturais os recebem como irmãos muito amados. A palavra religiosa de Henrique Soares, de Coimbra, eles ouvem com veneração e humildade. Colocam suas habitações rústicas e primitivas à disposição do estrangeiro e reza com eles nas areias de Porto Seguro, celebrando na praia o primeiro banquete de fraternidade na Terra de Vera Cruz.

A bandeira das quinas desfralda-se então gloriosamente nas plagas da terra abençoada, para onde transplantara Jesus a árvore do seu amor e da sua piedade, e, no céu, celebra-se o acontecimento com grande júbilo. "

Visconti, o introdutor do impressionismo na pintura brasileira

Eliseu D'Angelo Visconti (Giffoni Valle Piana, Itália, 1866 – Rio de Janeiro, RJ, 1944), pintor e desenhista brasileiro, veio para o Brasil com apenas um ano de idade.

Iniciou seus estudos no Liceu Imperial de Artes e Ofícios. Em 1900, apresentou duas telas na exposição Internacional de Paris. Foi eleito, em 1906, para ocupar a primeira cadeira de pintura da Escola Nacional de Belas-Artes.

Visconti é considerado o introdutor do impressionismo na pintura brasileira. Na "Sala Visconti", do Museu Nacional de Belas-Artes, encontram-se numerosas obras do artista.

Dentre as suas telas mais famosas citaremos; *Gioventù, Oréades, Gonzaga Duque, Recompensa de São Sebastião, A Providência guia Cabral, Sonho Místico.*

30 - PARTIDA DE ESTÁCIO DE SÁ DA BERTIOGA PARA O RIO

PARTIDA DE ESTÁCIO DE SÁ DA BERTIOGA PARA O RIO (Detalhe), de Benedito Calixto (óleo sobre tela, Palácio São Joaquim, Rio de Janeiro, RJ)

Em 1565, na praia paulista de Bertioga, ao lado do Forte São João, o padre Manuel da Nóbrega, em prece, abençoa José de Anchieta, que, igualmente em oração, de joelhos, se prepara para partir, de imediato, na esquadra de Estácio de Sá, com vistas a uma nova e árdua missão.

Este militar português, situado atrás de Anchieta, estava no Brasil com a tarefa de expulsar os franceses do Rio de Janeiro. Mas, antes de um programado ataque decisivo, ele veio a São Vicente, SP, para reunir, com a ajuda dos jesuítas, uma força expedicionária indígena.

Alcançando seu objetivo, Estácio voltou ao Rio, e ao desembarcar, junto do Pão de Açúcar, lançou os fundamentos da cidade de São Sebastião (depois São Sebastião do Rio de Janeiro), em 1º de março de 1565.

Mas, os franceses somente foram expulsos do Brasil, definitivamente, em 1567, com a chegada, na Guanabara, da esquadra do Governador-Geral Mem de Sá, vinda da Bahia.

* * *

Os primeiros missionários jesuítas, que vieram ao nosso país, aqui chegaram em 1549, sob a chefia do padre Manuel da Nóbrega (1517-1570), que desde os primeiros dias trabalhou intensamente, não só na catequese e proteção dos indígenas à escravização pelos colonizadores, mas também na própria colonização do Brasil.

Outro missionário que aqui chegou, em 1553, e muito se destacou, foi José de Anchieta (1534-1597), tornando-se o grande discípulo, secretário e filho espiritual de Nóbrega.

Nóbrega e Anchieta são considerados, com muita justiça, Apóstolos do Brasil.

Juntamente com Estácio de Sá, estes dois vultos de nossa história, após suas missões no século XVI, vincularam-se afetivamente ao nosso país, colaborando eficazmente, em vários setores, com o seu progresso.

Segundo informação de Humberto de Campos (Espírito), em seu livro *Brasil, Coração do Mundo, Pátria do Evangelho,* recebido por Francisco C. Xavier, em 1938:

"Muitas vezes voltou **Estácio** a se corporificar na Pátria do Evangelho, para viver na paisagem predileta dos seus olhos. Sua personalidade aí adquiriu elementos de ciência e de virtude e, ainda há poucos anos, podia ser encontrada na figura do grande benemérito do Rio de Janeiro, que foi **Osvaldo Cruz**." (cap. VI)

E sobre **Anchieta**, nesta mesma obra, o Autor Espiritual registra:

"Anchieta aliou, no mundo, à suprema ternura, grande energia realizadora; mas, aqueles que, na história oficial, lhe descobrem os gestos enérgicos, não lhe notam a suavidade do coração e a profundeza dos sacrifícios, nem sabem que, depois, foi ainda ele a maior expressão de humildade no antigo convento de Santo Antônio do Rio de Janeiro, onde, com o hábito singelo de frade, adoçou ainda mais as suas concepções de autoridade. A edificadora humildade de um **Fabiano de Cristo**, aliada a um sentimento de renúncia total de si mesmo, constituía a última pedra que faltava na sua coroa de apóstolo da imortalidade." (cap. IV)

E a respeito de **Nóbrega**, sabemos que cerca de cinqüenta anos depois de sua existência no Brasil, ele reencarnou na Espanha, animando a figura do devotado **Padre Damiano**, personagem do excelente romance espírita *Renúncia* (Emmanuel, F. C. Xavier, FEB, 22ª ed., 1995.).

Em vários momentos deste romance, encontramos referências claras de seu grande afeto pelo Novo Mundo, tais como: "– Sempre acalentei o desejo de compartilhar dos trabalhos missionários na América

(...)" (p. 189). "– Ainda não renunciei ao antigo ideal de uma excursão à América (...)" (p. 247)

E, no século XX, encontraremos Nóbrega novamente em plena atuação no Brasil, de 1931 a 2002, agora na personalidade de **Emmanuel**, como Mentor Espiritual de Francisco Cândido Xavier e Supervisor de sua extraordinária obra mediúnica, que desdobrou a Codificação Espírita. Assim, o próprio Emmanuel / Nóbrega narra as suas experiências no século XVI, quando seu coração prendeu-se, para sempre, à terra brasileira:

"(...) Eu havia abandonado o corpo físico em dolorosos compromissos, no século XV, na Península, onde nos devotávamos ao "crê ou morre", quando compreendi a grandeza do País que nos acolhe agora. Tinha meu espírito entediado de mandar e querer sem o Cristo. (...)

Vi a floresta a perder-se de vista e o patrimônio extenso entregue ao desperdício, exigindo o retorno à humanidade civilizada e, entendendo as dificuldades do silvícola relegado à própria sorte, nos azares e aventuras da terra dadivosa que parecia sem fim, aceitei a sotaina, de novo, e por Padre Nóbrega conheci, de perto, as angústias dos simples e as aflições dos degredados. Intentava o sacrifício pessoal para esquecer o fastígio mundano e o desencanto de mim mesmo, todavia, quis o Senhor que, desde então, o serviço americano e, muito particularmente, o serviço ao Brasil não me saísse do coração.

A tarefa evangelizadora continua. A permuta de nomes não importa. (...)" (Mensagem de 12/janeiro/1949, recebida por F. C. Xavier, *Amor e Sabedoria de Emmanuel, Clovis Tavares*, IDE, Parte I, cap. 5.)

Benedito Calixto, um destacado pintor brasileiro

Benedito Calixto de Jesus (Itanhaém, SP, 1853 - São Paulo, SP, 1927) estudou com Vitor Meireles e cursou a Academia Julien, de Paris. Dedicou-se à pintura de paisagens, marinhas e, especialmente, de cenas e personagens históricas.

Suas principais paisagens são: *Baía de S. Vicente* e *Panorama de Santos em 1882*; e as cenas e personagens históricas mais famosas são: *Fundação de S. Vicente, João Ramalho e Tibiriçá indicam a Martim Afonso o caminho de Piratininga, Anchieta e as feras, Anchieta escrevendo na areia, Bartolomeu de Gusmão.*

31 - MARTÍRIO DE TIRADENTES

MARTÍRIO DE TIRADENTES, de Aurélio de Figueiredo (óleo sobre tela – Museu Histórico Nacional, Rio de Janeiro, RJ)

Objetivando a Independência do Brasil, nasceu no Estado de Minas Gerais, em fins do século XVIII, o movimento da Inconfidência Mineira, liderado por um grupo de idealistas.

O personagem central, a alma da conspiração – que se inspirava na Revolução da Independência dos Estados Unidos da América e na Revolução Francesa – foi, indiscutivelmente, o alferes Joaquim José da Silva Xavier, por alcunha o Tiradentes, "homem enérgico e comunicativo, hábil organizador, apaixonado propagandista da causa da independência brasileira".

Com o crescimento da inconfidência, houve a infiltração de elementos inseguros, que se transformaram em delatores da trama, permitindo a prisão dos principais revolucionários, antes da programada sublevação.

Tiradentes foi o primeiro a ser preso, e, a seguir, os demais líderes foram postos a ferros e incomunicáveis.

O processo se arrastou por três anos, período em que o alferes revelou "exemplar dignidade e heroísmo", permanecendo numa masmorra escura, totalmente incomunicável, não vendo senão o seu padre confessor. Em suas declarações, registradas nos autos da devassa, ele inocentou os demais conspiradores, assumindo toda a responsabilidade do movimento.

Os réus principais receberam as piores penas: foram condenados a degredo perpétuo na África, com exceção de Tiradentes, sentenciado à morte, sendo enforcado, decapitado e esquartejado.

Hoje, merecidamente, Tiradentes é considerado o valoroso mártir da independência e patrono cívico da nação brasileira.

* * *

A tela *Martírio de Tiradentes*, de Aurélio de Figueiredo, imortaliza um momento que antecede o enforcamento, realizado no Rio de Janeiro.

O mártir é visto no alto do cadafalso, construído especialmente para aquele evento, mais elevado do que os habituais da época. Ali ele havia chegado, procedente da cadeia, em tradicional procissão, com caminhar sereno, profundamente resignado, sem se perturbar com a multidão que se reunira para vê-lo passar.

Tiradentes, levando um crucifixo entre as mãos amarradas, veste-se com uma larga camisola branca, a tradicional alva dos condenados.

Um dos franciscanos do Convento de Santo Antônio, que se encarregava da assistência espiritual aos sentenciados, se faz presente empunhando um crucifixo, e ora com os olhos fitos no céu, acompanhado, em sua prece, também pelo carrasco.

*No Mundo Maior, o Espírito iluminado do mártir
é recebido carinhosamente*

"Tiradentes entrega o Espírito a Deus, nos suplícios da forca, a 21 de abril de 1792. Um arrepio de aflitiva ansiedade percorre a multidão, no instante em que o seu corpo balança, pendente das traves do cadafalso, no Campo da Lampadosa.

Mas, nesse momento, Ismael recebia em seus braços carinhosos e fraternais a alma edificada do mártir.

– Irmão querido – exclama ele –, resgatas hoje os delitos cruéis que cometeste quando te ocupavas do nefando mister de inquisidor, nos tempos passados. Redimiste o pretérito obscuro e criminoso, com as lágrimas do teu sacrifício em favor da Pátria do Evangelho de Jesus.

Passarás a ser um símbolo para a posteridade, com o teu heroísmo resignado nos sofrimentos purificadores. Qual novo gênio surges, para espargir bênçãos sobre a terra do Cruzeiro, em todos os séculos do seu futuro. Regozija-te no Senhor pelo desfecho dos teus sonhos de liberdade, porque cada um será justiçado de acordo com as suas obras. Se o Brasil se aproxima da sua maioridade como nação, ao influxo do amor divino, será o próprio Portugal quem virá trazer, até ele, todos os elementos da sua emancipação política, sem o êxito incerto das revoluções feitas à custa do sangue fraterno, para multiplicar os órfãos e as viúvas na face sombria da Terra...

Um sulco luminoso desenhou-se nos espaços, à passagem das gloriosas entidades que vieram acompanhar o Espírito iluminado do mártir, que não chegou a contemplar o hediondo espetáculo do esquartejamento.

Daí a alguns dias, a piedosa rainha portuguesa enlouquecia, ferida de morte na sua consciência pelos remorsos pungentes que a dilaceravam e, consoante as profecias de Ismael, daí a alguns anos era o próprio Portugal que vinha trazer, com D. João VI, a independência do Brasil, sem o êxito incerto das revoluções fratricidas, cujos resultados invariáveis são sempre a multiplicação dos sofrimentos das criaturas, dilaceradas pelas provações e pelas dores, entre as pesadas sombras da vida terrestre." [*Brasil, Coração do Mundo, Pátria do Evangelho*, Humberto de Campos (Espírito), Francisco C. Xavier, FEB, cap. XIV.]

Aurélio de Figueiredo, autor de belos quadros históricos

Francisco Aurélio de Figueiredo e Melo (Areia, PB, 1856 – Rio de Janeiro, RJ, 1916), pintor e cartunista brasileiro. Era irmão do pintor Pedro Américo.

Além de paisagens e retratos, dedicou-se à pintura de temas históricos de nosso país. Como cartunista, trabalhou nas revistas *Semana Ilustrada* e *Comédia Social*.

Suas obras mais importantes são: *Descobrimento Brasil, O baile da ilha Fiscal, Martírio de Tiradentes, Juramento Constitucional*.

32 - GRITO DO IPIRANGA

GRITO DO IPIRANGA, de Pedro Américo (óleo sobre tela, 760 x 415 cm – 1888, Museu do Ipiranga, São Paulo, SP)

Dentre as várias produções artísticas de Pedro Américo, retratando momentos históricos importantes de nossa Pátria, destaca-se este grandioso trabalho que enriquece o Museu do Ipiranga, na Capital paulista.

Neste episódio, ocorrido aos sete de setembro de 1822, quando o príncipe D. Pedro, de regresso ao Rio de Janeiro, passava por São Paulo, às margens do riacho Ipiranga, surpreendentemente ele ergueu a sua espada e, com o célebre grito "Independência ou Morte!", definitivamente cortou os laços que nos prendiam às Cortes de Lisboa.

Conta-se que, um pouco antes, D. Pedro havia recebido, das mãos de enviado especial, notícias recém-chegadas à Capital do país, enviadas pelas Cortes de Portugal, bem como uma carta de José Bonifácio e, provavelmente, outra da princesa Leopoldina. Todas as notícias vindas de Lisboa visavam diminuir, consideravelmente, o poder do Príncipe Regente.

Nessa época, o Brasil já estava praticamente independente de Portugal, pois, recentemente, com o decreto de 1º de agosto, D. Pedro cortava suas relações oficiais com a Assembléia portuguesa.

Mas, o Príncipe precisava reafirmar, com pulso forte, sua decisão anterior. E ele estava muito amparado espiritualmente, pois Ismael, Guia Espiritual do Brasil, permanecia atento aos acontecimentos ligados a nossa Independência.

Assim, algum tempo antes do "Grito do Ipiranga", Ismael promoveu uma grande e importante reunião no Colégio de Piratininga, em São Paulo.

"Ali se encontram heróis das lutas maranhenses e pernambucanas, mineiros e paulistas, ouvindo-lhe a palavra cheia de ponderação e ensinamentos. Terminando a sua alocução pontilhada de grande sabedoria, o mensageiro de Jesus sentenciou:

– A independência do Brasil, meus irmãos, já se encontra definitivamente proclamada. Desde 1808, ninguém lhe podia negar ou retirar essa liberdade. A emancipação da Pátria do Evangelho consolidou-se, porém, com os fatos verificados nestes últimos dias e, para não quebrarmos a força dos costumes terrenos, escolheremos agora uma data que assinale aos pósteros essa liberdade indestrutível.

Dirigindo-se ao Tiradentes, que se encontrava presente, rematou:

– O nosso irmão, martirizado há alguns anos pela grande causa, acompanhará D. Pedro em seu regresso ao Rio e, ainda na terra generosa de São Paulo, auxiliará o seu coração no grito supremo da liberdade. Uniremos assim, mais uma vez, as duas grandes oficinas do progresso da pátria, para que sejam as registradoras do inesquecível acontecimento nos fastos da história. O grito da emancipação partiu das montanhas e deverá encontrar aqui o seu eco realizador. Agora, todos nós que aqui nos reunimos, no sagrado Colégio de Piratininga, elevemos a Deus o nosso coração em prece, pelo bem do Brasil.

Dali, do âmbito silencioso daquelas paredes respeitáveis, saiu uma vibração nova de fraternidade e de amor.

Tiradentes acompanhou o príncipe nos seus dias faustosos, de volta ao Rio de Janeiro. Um correio providencial leva ao conhecimento de D. Pedro as novas imposições das Cortes de Lisboa e, ali mesmo, nas margens do Ipiranga, quando ninguém contava com essa última declaração sua, ele deixa escapar o grito de "Independência ou Morte!", sem suspeitar de que era dócil instrumento de um emissário invisível, que velava pela grandeza da pátria.

Eis por que o 7 de setembro, com escassos comentários da história oficial que considerava a independência já realizada nas proclamações de 1º de agosto de 1822, passou à memória da nacionalidade inteira como o Dia da Pátria e data inolvidável da sua liberdade.

Esse fato, despercebido da maioria dos estudiosos, representa a adesão intuitiva do povo aos elevados desígnios do mundo espiritual."

[Humberto de Campos (Espírito), F. C. Xavier, *Brasil, Coração do Mundo, Pátria do Evangelho,* FEB, cap.XIX.]

Pedro Américo, o mais notável pintor histórico brasileiro

Pedro Américo de Figueiredo e Melo (Areia, PB, 1843 – Florença, 1905), pintor e pensador brasileiro, estudou na Escola de Belas-Artes de Paris. Mais tarde, fez cursos de filosofia e literatura na Sorbonne, e doutorou-se em ciências físicas em Bruxelas.

Em 1865, com apenas 22 anos, vencendo um concurso, assumiu a cátedra de desenho da Academia Imperial de Belas-Artes, e, em 1870, tornou-se catedrático de história da arte, estética e arqueologia.

Escreveu o romance *Holocausto* e várias obras científicas.

As suas principais telas são: *Batalha do Avaí, Grito do Ipiranga, D. Pedro II na abertura da Assembléia Geral, Casamento da princesa Isabel* e *A Primeira Missa no Brasil.*

PARTE II

Galeria de Vultos Espíritas

A – QUADROS

33 - ALLAN KARDEC

ALLAN KARDEC, fotografia do século XIX

Contrariando o nosso desejo de apresentar uma tela, para seguir a programação geral desta obra, aqui reproduziremos a imagem mais conhecida do Codificador, da qual não se conhece a origem e a data.

Não temos dúvidas, conforme consulta feita a técnicos da arte fotográfica, que se trata de uma fotografia com pequenos retoques, e inclusive, colorizada, práticas habituais no passado, antes do grande progresso ocorrido no século XX.

Lembrando que Kardec desencarnou em 1869, a primeira dúvida que nos ocorreu foi: já se conseguia razoáveis ou boas fotos na época em que ele ainda vivia entre nós?

Sim. Em Paris, na mesma cidade onde residia o Codificador, o célebre Félix Nadar (Paris, 1820-1910) "abriu um estúdio fotográfico e, a partir de 1854, começou a publicar, sob o título de Panthéon Nadar, uma seleção de retratos fotográficos de celebridades da época." *(Enciclopédia Mirador)* Hoje ele é considerado o mais famoso fotógrafo do século XIX.

Portanto, é possível que a fotografia de Kardec, em análise, tenha sido feita por Nadar.

Voltemos ao fato de não reproduzirmos uma tela de Kardec. Em verdade existem várias, mas a única fiel é a do renomado pintor e retratista francês Raymond A. Q. Monvoisin (1790-1870), que ele intitulou de *Retrato Alegórico do Sr. Allan Kardec.* Fiel porque, mesmo considerando que o Codificador não posou para o artista – conforme pode-se deduzir pela expressão "alegórico" da legenda –, Monvoisin, em seus últimos anos de vida física, tornou-se espírita convicto e devotado, participando das reuniões da Sociedade Parisiense de Estudos Espíritas, época em que retratou Allan Kardec.

As edições de dezembro/1868 e de junho/1869, da *Revista Espírita,* registram que Monvoisin doou à Doutrina oito quadros, "verdadeiras obras-primas da arte, especialmente executadas, tendo em vista o Espiritismo" (texto do Codificador, redigido poucos meses antes de sua desencarnação), estando entre eles o *Retrato Alegórico do Sr. Allan Kardec.*

Infelizmente, todas estas telas, guardadas com carinho durante muitos anos com vistas ao Museu do Espiritismo, idealizado pelo Codificador, desapareceram, talvez destruídas durante a II Guerra Mundial.

Restou-nos, apenas, uma reprodução litográfica do quadro a óleo que retrata Kardec, promovida pela Librairie Spirite et des Sciences Psychologiques, em 1872, quando encomendou ao pintor Ludovic A. de Saint-Edme a restauração do quadro e sua reprodução litográfica. As inscrições "Luz y Verdad, Allan Kardec" e outras marginais foram estampadas em 1913 pelos antigos possuidores da reprodução do quadro. (Do livro *El Auto-de-Fe Barcelona y Auto-da-Fé de Barcelone,* Florentino Barrera, Ediciones Vida Infinita, Buenos Aires, Argentina, 2ª ed. revisada, 1998, p. 7.)

Há poucos anos, na falta da histórica coleção de oito telas

Óleo de Raymond A.Q. Monvoisin, litografado por Ludovic Alfred de Saint-Edme.

de Monvoisin, o excelente Museu Espírita de São Paulo, do Instituto de Cultura Espírita de São Paulo, em homenagem ao trabalho pioneiro do pintor francês espírita, providenciou e mantém em exposição os quadros inspirados na descrição apresentada na *Revista Espírita* pelo próprio Codificador: "o retrato alegórico do Sr. Allan Kardec; o retrato do autor; três cenas espíritas da vida de Joana d'Arc, assim designadas: Joana na fonte, Joana ferida e Joana sobre a sua fogueira; o Auto-de-fé de João Huss; um quadro simbólico das três Revelações, e a Aparição de Jesus no meio de seus apóstolos, depois de sua morte corporal."

Síntese biográfica do Codificador

Hippolyte Léon Denizard Rivail, respeitado pedagogo e escritor francês, nasceu em Lyon, a 3 de outubro de 1804 e deixou o Plano físico em Paris, a 31 de março de 1869.

A partir de 1855, interessou-se pelo fenômeno das *mesas girantes e falantes*, que, na época, como passatempo, era moda nos salões da Europa. Analisando-o profundamente, utilizando-se do método experimental, convenceu-se de que se tratava de um assunto sério, comprovando que os Espíritos, realmente, transmitiam os seus pensamentos através de objetos.

Ao reunir as revelações feitas, descobriu uma série de leis e codificou-as, originando *O Livro dos Espíritos,* que é a obra básica do Espiritismo. A partir deste lançamento, ocorrido em 18 de abril de 1857, Rivail passou a adotar o pseudônimo de Allan Kardec – seu verdadeiro nome quando foi, antes da Era Cristã, um sacerdote druida – em todas as publicações espíritas.

No ano seguinte, fundou a Sociedade Parisiense de Estudos Espíritas e a *Revista Espírita.*

Além da obra básica, Kardec escreveu muitas outras, das quais relacionaremos as mais importantes: *O Livro dos Médiuns, O Evangelho Segundo o Espiritismo, O Céu e o Inferno, A Gênese* e *Obras Póstumas.*

Quatro depoimentos traçam o perfil físico e moral de Kardec

Sobre a personalidade do Codificador, pouco se sabe, pois ele, sendo muito humilde e com alta compreensão de sua missão, a serviço dos Espíritos, quase nada falou ou escreveu sobre si mesmo.

Em face disso, criou-se no meio espírita, talvez baseando-se nas suas imagens fisionômicas divulgadas, o falso conceito de que ele era muito sério, severo, frio e incapaz de sorrir.

Mas, lendo, a seguir, os únicos e fiéis depoimentos encontrados na literatura espírita, de confrades que conviveram com ele, o leitor concluirá que a personalidade de Kardec era bem diferente daquela imaginada por muitos, sendo, na verdade, típica de um Espírito elevado, isto é, dotado não só de um cérebro privilegiado, mas também de um formoso coração.

1 - A escritora e médium inglesa Anna Blackwell, que teve contato pessoal com Allan Kardec, e alguns livros do qual traduziu para o inglês, assim escreveu:

"Pessoalmente, Allan Kardec era de estatura média. Compleição forte, com uma cabeça grande, redonda, maciça, feições bem marcadas, olhos pardos, claros, mais se assemelhando a um alemão do que a um francês. Enérgico e perseverante, mas de temperamento calmo, cauteloso e não imaginoso até a frieza, incrédulo por natureza e por educação, pensador seguro e lógico, e eminentemente prático no pensamento e na ação. Era igualmente emancipado do misticismo e do entusiasmo... Grave, lento no falar, modesto nas maneiras, embora não lhe faltasse uma certa calma dignidade, resultante da seriedade e da segurança mental, que eram traços distintos de seu caráter. Nem provocava nem evitava a discussão, mas nunca fazia voluntariamente observações sobre o assunto a que havia devotado toda a sua vida, recebia com afabilidade os inúmeros visitantes de toda a parte do mundo que vinham conversar com ele a respeito dos pontos de vista nos quais o reconheciam um expoente, respondendo a perguntas e objeções, explanando as dificuldades, e dando informações a todos os investigadores sérios, com os quais falava com liberdade e animação, de rosto ocasionalmente iluminado por um sorriso genial e agradável, conquanto tal fosse a sua habitual seriedade de conduta que nunca se lhe ouvia uma gargalhada. Entre as milhares de pessoas por quem era visitado, estavam inúmeras pessoas de alta posição social, literária, artística e científica. O Imperador

Napoleão III, cujo interesse pelos fenômenos espíritas não era mistério para ninguém, procurou-o várias vezes e teve longas palestras com ele nas Tuileries, sobre a doutrina de 'O Livro dos Espíritos'."
[*História do Espiritismo (The History of Spiritualism)*, Arthur Conan Doyle, Ed. Pensamento, S. Paulo, 1995, p. 394.]

2 - Revelações feitas por P.-G. Leymarie (1827-1901)

"Pierre-Gaëtan Leymarie, um dos comensais do Codificador, confessou na ocasião que as cartas anônimas, as traições, os insultos e a difamação sistemática perseguiram o obreiro e nele abriram, moralmente, feridas incuráveis. E dizia, a seguir, que o mestre se levantava às 4h30 da manhã, em qualquer estação, para poder dar conta dos seus muitos e variados trabalhos diários. Freqüentemente o mestre vinha vê-lo e, na casa de Leymarie, se distraía a contar anedotas de alto nível, às quais não faltavam ditos gauleses.

Aos domingos – escrevia ainda Leymarie –, sobretudo nos últimos dias de sua vida, convidava amigos para jantar em sua Vila Ségur. Então, o grave filósofo, depois de haver debatido os pontos mais difíceis e mais controvertidos da Doutrina, esforçava-se por entreter os convidados. Mostrava-se expansivo, espalhando bom humor em todas as oportunidades. Tinha aptidão especial para fazê-lo de modo digno com sobriedade, aí misturando uma dose particular de afetuosa bonomia.

E o Sr. Leymarie, mais adiante, revelava para os discípulos que o ignoravam: "Quantas vezes soubemos de pessoas em provação que encontraram junto dele o socorro moral e, não raro, o socorro material. A respeito dessas coisas ele não dizia uma palavra, ocultando no olvido suas boas obras".

3 - Depoimento de Alexandre Delanne

"Alexandre Delanne (pai de Gabriel Delanne) escreveu de Rouvray, aos 30 de março de 1870. Retido ali por longa e dolorosa doença, não pôde assistir à tocante cerimônia em Paris (inauguração do dólmen) e prestar homenagem, de viva voz, àquele que lhe infundiu a fé esclarecida. De sua extensa missiva extraímos, por julgá-la bastante curiosa, a parte que destaca o caráter e a nobreza d'alma de Kardec:

'Ninguém saberia, melhor que eu, reconhecer as raras qualidades de Allan Kardec e render-lhe a devida justiça. Vi, muitas vezes, em minhas longas viagens, o quanto era ele amado, estimado e compreendido por todos os adeptos. Todos desejavam conhecê-lo pessoalmente a fim de lhe agradecerem o lhes ter dado a luz por intermédio de suas obras, a fim de lhe testemunharem sua gratidão e seu completo devotamento. Eles o amam, até hoje, como a um verdadeiro pai. Todos lhe proclamam o gênio e o reconhecem o mais profundo dos filósofos modernos. Mas, estarão eles em condições de apreciá-lo em sua vida privada, isto é, por seus atos? Puderam avaliar a bondade do seu coração, avaliar-lhe o caráter tão firme quão justo, a benevolência de que usava em suas relações, sua prudência e sua extrema delicadeza? Não.

Pois bem, senhores, é a esse respeito que hoje vos quero falar do autor de *O Livro dos Espíritos,* visto que por muitas vezes tive a honra de ser recebido em sua intimidade. Fui testemunha de algumas de suas boas ações, e, a este propósito, algumas citações talvez não sejam inconvenientes aqui.

Como um dos meus amigos, o Sr. P..., de Joinville, me veio ver, fomos juntos à Vila Ségur fazer uma visita ao mestre. Durante a palestra, o Sr. P... teve ocasião de narrar a vida de privações por que passava um de seus compatriotas, ancião a quem tudo faltava, (...).Vi, então, rolar dos olhos de Allan Kardec uma lágrima de compaixão, e, confiando ao meu amigo algumas moedas de ouro, disse-lhe: 'Levai, para que possais prover as necessidades mais prementes do vosso protegido, e, já que ele é espírita, e as economias dele lhe não permitem instruir-se quanto ele desejaria, voltai amanhã; entregar-vos-ei, juntamente com as minhas obras, todas aquelas que eu puder dispor em proveito dele'.

Finalmente, permiti-me contar-vos ainda o fato a seguir, em que a generosidade de Kardec rivaliza com a sua delicadeza. (...)

Uma tarde, certa pessoa de minhas relações, que passava por cruel provação, guardando aos olhos de todos suas privações, recebeu uma carta fechada que continha recursos suficientes para auxiliá-la a sair de sua crítica posição, acompanhados aqueles destas simples palavras: 'Da parte dos bons Espíritos.' Do mesmo modo que a bondade do mestre lhe descobrira o infortúnio, meu amigo, guiado por alguns indícios e pela voz do coração, cedo reconheceu seu anônimo benfeitor.

Não mais pararia eu de falar, se tivesse necessidade de vos lembrar os milhares de fatos desse gênero, conhecidos tão-somente por aqueles que Allan Kardec socorreu; não amparava apenas a miséria, levantava também, com palavras confortadoras, o moral abatido. Jamais, porém, sua mão esquerda soube o que dava a direita.

Eis, portanto, o coração desse filósofo tão desconhecido durante a sua vida! E, na verdade, quem mais do que ele, tão bom, tão nobre, tão grande em suas palavras quanto em suas ações, foi mais alvo da injúria e da calúnia?"

(Transcrições do livro *Allan Kardec*, Zêus Wantuil e Francisco Thiesen, FEB, 2ª ed., 1982, Vol. III, pp. 131 e 136 a 138.)

*4 - A simplicidade e o bom humor de Kardec,
no relato de Henri Sausse*

"Erraria quem acreditasse que, em virtude dos seus trabalhos, Allan Kardec devia ser uma personagem sempre fria e austera. Não era, entretanto, assim. Esse grave filósofo, depois de haver discutido pontos mais difíceis da psicologia e da metafísica transcendental, mostrava-se expansivo, esforçando-se por distrair os convidados que ele freqüentemente recebia na Vila Ségur; conservando-se sempre digno e sóbrio em suas expressões, sabia adubá-las com o nosso velho sal gaulês em rasgos de causticante e afetuosa bonomia. Gostava de rir com esse belo riso franco, largo e comunicativo, e possuía um talento todo particular em fazer os outros partilharem do seu bom humor."

[Biografia de Kardec, de Henri Sausse (baseado em informações de P.-G. Leymarie, íntimo de Kardec), proferida em conferência a 31/3/1896, e incluída, pela Editora, no livro *O que é o Espiritismo,* Allan Kardec, FEB, 34ª ed., 1990, p. 45.]

34 - BEZERRA DE MENEZES

BEZERRA DE MENEZES, de J. Simón (óleo sobre tela – 1972)

Homenageamos o Dr. Bezerra, uma das figuras mais queridas da família espírita brasileira, com uma tela a óleo, datada de 1972, feita por José Simón, já desencarnado, que residia na cidade de São Paulo. Este artista e devotado confrade, de quem não conseguimos obter outros informes biográficos, foi colaborador da Editora O Clarim, de Matão, SP, ilustrando as capas de alguns de seus livros.

Com seus olhos esverdeados, refletindo um olhar sereno, piedoso e paternal, e uma farta barba branca, como era de uso habitual naquela época, é a imagem mais divulgada do devotado "Médico dos Pobres", com pequena diferença de outras telas conhecidas.

Adolfo Bezerra de Menezes Cavalcanti nasceu a 29 de agosto de 1831, na freguesia do Riacho do Sangue, localizada na comarca de Jaquaretama, Estado do Ceará.

Em 1846, com sua família já residindo na capital cearense, iniciou seus estudos preparatórios num Liceu. Cinco anos depois, transferiu-se para o Rio de Janeiro, onde cursou, com brilhantismo, a Faculdade de Medicina.

Casou-se com D. Maria Cândida de Lacerda, que deixou-lhe dois filhos, ao desencarnar em 1863, apenas cinco anos após o enlace. E, em 1865, contraiu matrimônio com D. Cândida Augusta de Lacerda Machado, irmã materna de sua primeira mulher, de quem teve sete filhos.

Como representante do Rio de Janeiro, foi eleito deputado por duas vezes, exercendo seu mandato até 1885, com reconhecidos méritos.

Dr. Bezerra começou a atuar no movimento espírita, em 1883, com seus artigos no *Reformador*, revista recém-fundada por Augusto Elias da Silva. De 1887 a 1894 ele manteve a seção domingueira "Espiritismo – Estudos Filosóficos" no jornal *O Paiz*, o periódico de maior tiragem no Brasil.

De 1891 a 1895 transcorreu um período de grandes divergências entre os espíritas. No ápice dos conflitos, alguns confrades lembraram-se do velho Bezerra, que possuía todas as virtudes para unificar os grupos dispersos em torno da luminosa bandeira Deus, Cristo e Caridade. E, a 3 de agosto de 1895, ele foi eleito presidente da Federação Espírita Brasileira.

Do Mundo Maior, Humberto de Campos, Espírito, assim relata essa fase crítica do movimento espírita:

"Elias da Silva e seus companheiros notam, entretanto, que a situação se ia tornando difícil com as polêmicas esterilizadoras. A esse tempo, os emissários do Alto prescrevem categoricamente aos seus camaradas do mundo tangível:

– Chamem agora Bezerra de Menezes ao seu apostolado!

Elias bate, então, à porta generosa do mestre venerável, o que não era preciso, porque seu grande coração já se encontrava a postos, no sagrado serviço da Seara de Jesus, na face da Terra.

Bezerra de Menezes traz consigo a palma da harmonia, serenando todos os conflitos. Estabelece a prudência e a discrição entre os temperamentos mais veementes e combativos.

A obra de Ismael, no que se referia às luzes sublimes do Consolador, estava definitivamente instalada na Pátria do Cruzeiro, apesar da precariedade do concurso dos homens." (*Brasil, Coração do Mundo, Pátria do Evangelho*, F. C. Xavier, FEB, cap. XX I I I.)

Na literatura espírita, ele também colaborou com entusiasmo, escrevendo: o romance *A Casa, Assombrada*, Ed. Flammarion; *A Loucura sob Novo Prisma*, FEB; *Uma Carta de Bezerra de Menezes*, FEB; *Espiritismo – Estudos Filosóficos* (artigos publicados no jornal *O*

Paiz), 3 vol., FAE; e, pelo *Reformador,* alguns romances publicados em folhetins.

Médico abnegado, foi além da habitual prática profissional, abrindo seu formoso coração aos mais necessitados, sendo cognominado, com muita justiça, pelo povo de "Médico dos Pobres".

Após grave enfermidade circulatória, que o reteve no leito por quase quatro meses, Dr. Bezerra deixou o Plano Físico na manhã de 11 de abril de 1900, cumprindo uma missão apostolar na seara espírita.

(Fonte: *Grandes Espíritas do Brasil,* Zêus Wantuil, FEB e *Bezerra de Menezes – O Médico dos Pobres,* F. Aquarone, Ed. Aliança.)

Atividades do Dr. Bezerra após a desencarnação

Bezerra de Menezes é uma das Entidades mais conhecidas e estimadas dos espíritas. E, portanto, muito solicitado dos confrades e grupos espíritas, que o buscam na expectativa de receberem o seu auxílio como médico e/ou orientador para os problemas pessoais ou institucionais.

Irmão Jacob (Frederico Fígner, Espírito) conta-nos em sua obra *Voltei* (F. C. Xavier, FEB, cap. 12) que Dr. Bezerra, embora "autorizado à sublime ascensão aos Planos Superiores, havia decidido renunciar à semelhante glória, em companhia de outros missionários devotados ao sacrifício pessoal, a fim de se consagrar, por mais dilatado tempo, à transformação gradual de longas fileiras de infelizes."

Como o considerado "Kardec brasileiro" consegue atender a tantas solicitações que partem diariamente de vários pontos do país?

Uma experiência vivida por André Luiz e Hilário Silva (Espíritos), quando estagiaram na Mansão Paz – uma importante escola de reajuste localizada em regiões inferiores –, esclarece perfeitamente essa questão.

Certa vez, em visita ao templo da referida Mansão, observaram que uma senhora, a orar pedindo auxílio a Bezerra de Menezes, exteriorizava uma nítida fotografia mental.

"– Víamos ali – informa-nos André Luiz – o retrato do Dr. Bezerra, qual o conhecemos, sereno, simples, bondoso, paternal...

Precedendo-nos as interrogações costumeiras, o Assistente informou:

– Com mais de cinqüenta anos consecutivos de serviço à Causa Espírita, depois de desencarnado, Adolfo Bezerra de Menezes fez jus à formação de extensa equipe de colaboradores que lhe servem à bandeira de caridade. Centenas de Espíritos estudiosos e benevolentes obedecem-lhe às diretrizes na lavoura do bem, na qual opera ele em nome do Cristo.

– Desse modo – alegou Hilário –, é fácil compreendê-lo agindo em tantos lugares ao mesmo tempo...

– Perfeitamente – concordou Silas. – Como acontece na radiofonia, em que uma estação emissora está para os postos de recepção, assim qual uma só cabeça pensante para milhões de braços, um grande missionário da luz, em ação no bem, pode refletir-se em dezenas ou centenas de companheiros que lhe acatam a orientação no trabalho ajustado aos desígnios do Senhor. Bezerra de Menezes, invocado carinhosamente, em tantas instituições e lares espíritas, ajuda em todos eles, pessoalmente ou por intermédio das entidades que o representam com extrema fidelidade.

– Para isso – aduziu meu colega – terá o seu campo próprio de atividade, assim como um chefe de serviço humano possui a sede administrativa da qual distribui com os comandados o pensamento diretor da organização...

– Como não? – falou-nos o Assistente, sorrindo – o Senhor, que tem meios de instalar condignamente qualquer dirigente de trabalho humano, ainda mesmo nas mais ínfimas experiências da vida social no Planeta, não relegaria à intempérie os missionários da luz no Plano Espiritual." (*Ação e Reação,* André Luiz, F. C. Xavier, FEB, 1ª ed., 1957, cap. 11.)

Assessorando as missões de Eurípedes e Chico Xavier

Ao longo do século XX, além de uma atuação caritativa geral, abrangendo pessoas, famílias e instituições, queremos lembrar as atividades de Bezerra de Menezes (1831-1900) junto aos médiuns Eurípedes Barsanulfo (1880-1918) e Francisco Cândido Xavier (1910-2002).

Consultando a obra *Eurípedes – o Homem e a Missão* (de Corina Novelino, IDE), constatamos a presença do "Médico dos Pobres", em 1904, na sessão espírita onde Eurípedes comparecia pela segunda vez. No início desta reunião, pelo médium tio Sinhô, Bezerra "convida Eurípedes a tomar parte da linha (de passistas), afirmando suas faculdades curadoras." (p. 84)

Na reunião de fundação do Grupo Espírita Esperança e Caridade, em 1905, ele também comparece e transmite mensagem psicofônica, juntamente com Bittencourt Sampaio e Vicente de Paulo. (p. 93)

A partir de então, nas reuniões, Eurípedes psicografava mensagens de Benfeitores no próprio livro de Atas do Grupo Espírita. Uma de suas páginas registra esta breve mensagem do Dr. Bezerra: "Luzes, luzes vos iluminem neste caminho de fraternidade, progresso e regeneração. Que Jesus vos abençoe. (a) Adolpho B. de Menezes." (p. 97, com fac-símile do texto original)

Provavelmente no próprio ano de sua conversão ao Espiritismo, 1904, Eurípedes iniciou as atividades de uma farmácia alopática, em sua própria residência, denominada Farmácia Espírita Esperança e Caridade. Os medicamentos eram manipulados para atender ao receituário local e de outras cidades.

Sobre as atividades da Farmácia, a autora elucida-nos:

"Efetivamente, o Espírito Bezerra de Menezes fora o companheiro dedicadíssimo, o colaborador da Missão esplendorosa (...) o querido "Médico dos Pobres" manifestava-se a Eurípedes por diferentes mecanismos (...).

Quando os centros nervosos do médium se ressentiam pelo desgaste de energias e os processos da intuição se tornavam difíceis, Bezerra utilizava a faculdade mecânica de Eurípedes. Quando o aparelho mecânico apresentava os primeiros sinais de fadiga – e o serviço não devia sofrer paralisação – o bondoso Bezerra de Menezes servia-se da audição de Eurípedes, ditando-lhe receitas e mais receitas.

Finalmente, quando o volume do receituário exigia maiores parcelas de rapidez, o magnífico Benfeitor desdobrava, diante dos olhos espirituais do médium, uma tela branca, na qual apareciam as receitas solicitadas.

Como intérprete fiel de Bezerra, Eurípedes atuava também como cirurgião e parteiro. Centenas de intervenções se efetivaram com pleno êxito." (p. 146 e 149)

"Nas próprias cartas recebidas, habitualmente, o Espírito Dr. Bezerra de Menezes prescrevia, pelas mãos de Eurípedes, receitas que seriam aviadas gratuitamente pela Farmácia Espírita. A seguir, os medicamentos eram remetidos pelo Correio." (p. 148, com fac-símile de uma carta original)

* * *

Tivemos a oportunidade de presenciar, desde 1966 – ao manter contatos periódicos com o saudoso médium de Uberaba, até a sua desencarnação, a serviço desta Editora – a transmissão de numerosas orientações doutrinárias ou/e médicas do Dr. Bezerra através de Chico Xavier, sob várias formas: psicografia, psicofonia ou auditiva. Sempre foi uma Entidade presente, assistindo o médium em seus diálogos com o público que o procurava.

Se com Eurípedes o receituário do Dr. Bezerra foi alopático, com Chico Xavier houve predomínio quase total do homeopático, raramente receitando produtos alopáticos. (Ver *Anuário Espírita 1988,* p. 131)

Ao lado dessa atividade caritativa, ele também escreveu numerosas mensagens que foram incorporadas em mais de uma dezena de livros psicografados por Francisco C. Xavier, sendo dois deles de sua autoria exclusiva: *Bezerra, Chico e Você,* GEEM e *Apelos Cristãos,* UEM.

Em 1935, Dr. Bezerra já estava a postos no Centro Espírita onde Chico trabalhava, em Pedro Leopoldo, MG, e respondeu, com o pseudônimo de Max, a dois questionários do repórter de *O Globo,* com excelentes esclarecimentos. (*Notáveis Reportagens com Chico Xavier,* IDE, cap. 18 e 19)

Outros médiuns também receberam belos livros desse incansável Apóstolo do Espiritismo brasileiro, que relacionaremos: de mensagens, *Compromissos Iluminativos,* Divaldo P. Franco, LEAL e os romances *Dramas da Obsessão, A Tragédia de S. Maria* e *Nas Telas do Infinito* (1ª Parte, em parceria com Camilo C. Branco), Yvonne A. Pereira, FEB.

35 - EURÍPEDES BARSANULFO

EURÍPEDES BARSANULFO, de J. Simón (1972)

No mesmo ano em que elaborou a tela do Dr. Bezerra, 1972, o artista brasileiro José Simón pintou a imagem de Eurípedes, um missionário também muito querido da família espírita brasileira.

Em linhas gerais, assemelha-se à sua expressão fisionômica mais divulgada, sempre com o bigode bem cuidado e uma inseparável gravata borboleta, branca ou preta.

Além da tela, reproduzimos uma excelente fotografia de Eurípedes, no original preto-e-branco, tirada na época em que ele iniciava seu apostolado terreno. Na margem inferior desta, pode-se ler: "Casa Francesa – S. Paulo", ateliê fotográfico não mais existente na Capital paulista, que deve ter feito uma ampliação de foto realizada em Sacramento, MG, com alguns retoques de praxe.

Essa foto, com bela

Fotografia de Eurípedes Barsanulfo pertencente ao *Quarto de Eurípedes,* onde se realiza o Culto do Evangelho sob a direção de Heigorina Cunha, em Sacramento, MG.

moldura, foi sempre a "companheira" de sua genitora, D.Meca (1853-1952); de início, na sala de visita e, depois, numa das paredes de seu quarto, quando, adoentada e com idade avançada, quase não mais saía deste aposento.

Hoje, pertencente à Heigorina Cunha, sobrinha de Barsanulfo e conhecida médium sacramentana, encontra-se no *Quarto de Eurípedes* – construído na Chácara Triângulo com material transladado da antiga residência, já demolida, dos pais do Missionário – onde se realizou, diariamente, às nove horas da manhã, durante muitos anos, o Culto do Evangelho. (Ver *Eurípedes, o Homem e a Missão,* Corina Novelino, IDE, p. 201.)

Este "Culto das 9 horas", que se tornou público após a construção do *Quarto,* já é centenário, pois iniciou-se no próprio quarto de Eurípedes, em 1904, no mesmo horário, logo após a sua conversão ao Espiritismo, sendo transferido para a Chácara de Sinhazinha, mãe de Heigorina, após a desencarnação de D. Meca. Atualmente, é realizado no amplo salão do Centro Espírita Recanto da Prece, construído ao lado do *Quarto.*

Um educador emérito dotado de notável mediunidade

Eurípedes Barsanulfo nasceu na cidade de Sacramento, MG, a 1º de maio de 1880, e aí desencarnou em 1º de novembro de 1918.

Em toda sua existência residiu na terra natal, onde completou seus estudos no Colégio Miranda, revelando-se um aluno excepcional. Mas nunca deixou de estudar, adquirindo vasta cultura.

Em 1902, com alguns de seus antigos professores, fundou o Liceu Sacramentano, que oferecia os cursos primário e secundário.

Na imprensa local, colaborou, durante alguns anos, com artigos sobre temas os mais variados. E, na política, exerceu, por dois triênios, até 1910, o mandato de Vereador, prestando relevantes serviços à comunidade sacramentana.

Com sua conversão ao Espiritismo, decisão já consagrada com a fundação, por ele mesmo, do Grupo Espírita Esperança e Caridade, seus companheiros de magistério o abandonaram. Foi quando, então, nasceu o Colégio Allan Kardec, em 1907, que, além das matérias tradicionais, ministrava Fundamentos da Doutrina Espírita, Astronomia e Noções de Vida Prática, tudo sob a avançada pedagogia pestalozziana.

Eurípedes foi um médium excepcional, dotado de várias faculdades: curador, receitista, psicofônico, psicógrafo, vidente, auditivo e intuitivo. Também tinha grande facilidade de se desdobrar, relatando, depois, os locais onde esteve, em Espírito, muitas vezes prestando auxílio, com muita lucidez.

A sua mediunidade de cura e de receitista (psicografia) sob a assistência do devotado médico Dr. Bezerra de Menezes, atraía numerosos enfermos de outras localidades e, assim, Sacramento passou a possuir vários hotéis e pensões para hospedá-los. O tratamento era realizado com passes recebidos no Grupo Espírita e medicamentos alopáticos, sendo a maioria destes aviados, gratuitamente, pela Farmácia Espírita Esperança e Caridade. (Ver casos de curas no *Anuário Espírita 1992*, p. 73)

Numerosos pedidos chegavam de outras cidades. E, em resposta, os pacientes recebiam, gratuitamente, pelo Correio, os medicamentos receitados pelo Dr. Bezerra.

Este Benfeitor Espiritual também realizava alguns procedimentos médicos, tais como: curativos diversos, redução de fraturas, dilatação do esôfago com sonda (Ver caso em *AE 1981*, p. 18) e intervenções obstétricas.

Notícias das atividades de Eurípedes no Mundo Maior

É evidente que uma Entidade do padrão evolutivo do missionário sacramentano, em pouco tempo após o seu desenlace, em 1918, já estava novamente em plena ação sob as bênçãos de Jesus.

Realmente, não podemos fazer uma idéia exata de suas múltiplas atividades. Temos apenas breves notícias...

A seguir, relacionaremos alguns informes que já são suficientes para atestarem que ele continua a postos, orientando e amparando a imensa família de corações, encarnada e desencarnada, ligada ao querido apóstolo da caridade.

1 - Colônias de Eurípedes Barsanulfo

Quando a médium Heigorina Cunha, co-autora do livro *Cidade no Além* (F. C. Xavier, André Luiz, Lucius, Ed. IDE), apresentou o desenho de uma colônia, situada sobre a cidade de Sacramento, ao médium Chico Xavier, dizendo-lhe ser a colônia de Eurípedes, ele lhe respondeu:

– Uma das Colônias... – afirmando-lhe, em seguida, que sobre a cidade de Palmelo, GO, e em outros locais existem colônias fundadas e dirigidas pelo missionário.

A planta baixa da Colônia de Sacramento com as explicações de suas várias divisões integram o livro *Imagens do Além* [Heigorina Cunha, Lucius (Espírito), IDE].

Essa colônia é também citada, com alguns detalhes, na mensagem de Noêmia Natal Borges, recebida por Chico Xavier e incluída na obra *Vozes da Outra Margem* (F. C. Xavier, Espíritos Diversos, Hércio M.C. Arantes, IDE, cap. 17)

2 - Sanatório Esperança

Este "Hospital foi fundado e organizado por Eurípedes Barsanulfo, responsável por diversos núcleos semelhantes, alguns maiores, outros menores, em várias regiões. Contamos com a colaboração de dezenas de estagiários que se especializaram ou estão se especializando em Psiquiatria; (...) O número de internos é flutuante, cerca de dois mil, aproximadamente", esclareceu-nos o Dr. Inácio Ferreira, Espírito, em seu livro *Na Próxima Dimensão* (Carlos A. Baccelli, LEE "Pedro e Paulo", cap. 25.)

O estágio do renomado escritor e pesquisador Manoel P. de Miranda, Espírito, nesse Sanatório – "reduto de amor e de recuperação mental e emocional" – que ele solicitou ao Dr. Inácio Ferreira, "responsável por um dos pavilhões que albergava médiuns e alguns outros equivocados, a fim de ampliar estudos e conhecimentos que lhe facultassem maior crescimento íntimo", segundo suas palavras, deu origem ao livro *Tormentos da Obsessão* (Divaldo P. Franco, LEAL, p. 73 e 89)

No início de seu estágio, Miranda foi informado de que outros pavilhões acolhiam diferentes ordens de portadores de alienações espirituais e que haviam fracassado no projeto reencarnacionista e que "a supervisão geral era realizada por uma coligação constituída pelos diretores dos diversos Núcleos sob a presidência do *apóstolo sacramentano,* encarregado das decisões finais."

3 - Livro e Mensagens

O belo e instrutivo romance *A Grande Espera* (Ed. IDE), de autoria de Eurípedes Barsanulfo, que revela momentos históricos dos Essênios e do Cristianismo do Século I, foi psicografado pela Profa. Corina Novelino (1912-1980), na época em que dirigia o Lar de Eurípedes e o Grupo Espírita Esperança e Caridade, em Sacramento.

Desde a sua desencarnação, através de vários médiuns, Eurípedes tem transmitido a sua palavra iluminada aos confrades que labutam na Crosta.

Por exemplo, a irmã Corina reuniu no Capítulo final: "A Missão Continua...", de sua obra *Eurípedes – o Homem e a Missão,* estas quatro lindas mensagens: Aos Companheiros de Ideal, Oração em Sacramento (poema), Serenidade e Paciência, e a prece proferida no ato de inauguração do Lar de Eurípedes, todas pelo lápis de Chico Xavier.

Em outras obras, de Espíritos Diversos, a seguir relacionadas, recebidas por este médium, ele comparece com sua inestimável colaboração: *O Espírito da Verdade* (FEB), *Antologia Mediúnica do Natal* (FEB), *Através do Tempo* (LAKE), *Doutrina e Vida* (CEU) e *Ideal Espírita* (CEC). E para o livro *Seareiros de Volta* (FEB), médium W. Vieira, ele colabora com três páginas valiosas.

Vidas anteriores de Eurípedes

O médium Francisco C. Xavier sempre demonstrou muita admiração e carinho para com Eurípedes. Nascido em 1910, não o conheceu pessoalmente, mas recebeu de seu Espírito numerosas mensagens, que foram incluídas em vários livros.

Em diálogos fraternos com grupos de confrades, especialmente de Sacramento, Chico, com informações de Emmanuel, revelou, em diversos momentos, várias existências de Barsanulfo, vinculadas à seara cristã há vinte séculos.

As informações que agora relatamos, nós as colhemos em contato com os estimados confrades Profa. Corina Novelino e o Prof. Jaime Monteiro de Barros (1913-1996), destacado orador espírita em Ribeirão Preto, SP, sempre muito ligado à família espírita sacramentana.

A saudosa irmã Corina, em seu livro *Eurípedes – o Homem e a Missão* (p. 82 e 185) registrou duas dessas informações. E o Prof. Jaime, atendendo ao nosso pedido, relacionou-nos, em carta de 19/11/1991, o que ouviu de Chico Xavier em vários encontros, nas cidades de Sacramento, Uberaba e Monte Carmelo, juntamente com a Profa. Corina e outras irmãs.

A primeira tarefa de Eurípedes na divulgação da Boa Nova foi na personalidade do essênio MARCOS, valoroso personagem do romance *A Grande Espera* [Eurípedes Barsanulfo (Espírito), Corina Novelino, IDE.]

Na existência seguinte, como DISCÍPULO DE IGNÁCIO da Antioquia, destacou-se como pregador do Evangelho, na segunda metade do século I, mantendo contatos com João Evangelista. Ignácio (27-117) foi um destacado discípulo de João Evangelista, que viveu na cidade de Antioquia e em outras da Ásia Menor, segundo relato de Theophorus (Espírito) em sua obra *Ignácio de Antioquia* (Geraldo Lemos Neto, Vinha de Luz, Belo Horizonte, MG, 2005)

A seguir, na pessoa de RUFO, viveu na Gália lugdunense como escravo e cristão convicto, martirizado em 235. (*Ave, Cristo!*, Emmanuel, F. C. Xavier, FEB, 13ª ed., p. 121 e 140 a 146)

Após algumas existências não identificadas, renasceu na Suíça, em 1741, com o nome de LAVATER e, em 1880, regressou ao Plano Físico na figura de EURÍPEDES.

Há poucos anos, dois livros confirmaram duas dessas identificações: *Tormentos da Obsessão* (p. 123), já citado, referiu-se ao martírio na Gália lugdunense (Rufo) e à existência do missionário na personalidade de Lavater; e *Do Outro Lado do Espelho* [Inácio Ferreira

Selo postal suíço em homenagem ao Bicentenário de Nascimento de Lavater.

(Espírito), Carlos A. Baccelli, Ed. Didier, cap. 22] confirmou a reencarnação na figura de Lavater.

Encerrando estas anotações, queremos apenas destacar alguns fatos biográficos e traços da personalidade do filósofo, escritor, orador e teólogo protestante suíço João Gaspar Lavater (1741-1801), que nos fazem lembrar da vida apostolar de Eurípedes.

"No fisionomista tudo era digno, gracioso, agradável, e seu aspecto era sempre limpo e cuidado. Seus olhos tinham uma doçura inexprimível; uma graça infinita disfarçava-se em seus lábios, (...) o som melodioso de sua voz acariciava docemente o ouvido." Assim, Goethe, o maior gênio poético da Alemanha, coloca-nos frente a frente com Lavater, traçando-nos um perfil de seu dileto amigo. (*Memórias,* Goethe, Vol. 1, cap. 14)

Desde a juventude, ele demonstrou vivo interesse pela Educação. O célebre fundador da Pedagogia Social, J. H. Pestalozzi, era seu amigo e conterrâneo. Ambos integraram o grupo mais jovem da Sociedade Helvética, que tinha por objetivo lutar pela liberdade, fraternidade e justiça, mas especialmente pela melhoria das escolas.

Na Europa, tornou-se célebre ao criar a moderna Fisiognomonia, teoria que pretendia conhecer os caracteres, a índole, as qualidades psíquicas de cada um por certas disposições físicas do rosto e do perfil. Atribuíam-se-lhe diagnósticos notáveis da maneira íntima de ser de muitas pessoas, em face destas ou dos seus retratos.

Esta teoria não foi reconhecida cientificamente, mas desempenhou um papel importante como precursora da atual Biotipologia. Mas, como explicar os diagnósticos notáveis? Acreditamos que houve uma grande influência de sua mediunidade.

Escreveu vários livros religiosos, tais como: *Vistas sobre a Eternidade, Jesus – o Messias, José de Arimatéia.*

Lavater foi um dos maiores propulsores do *mesmerismo*. As idéias de Mesmer, médico alemão, fundador da teoria do magnetismo animal, não foram aceitas pela Ciência, mas fez eclodir uma corrente do pensamento humano que nos traria o hipnotismo, a psiquiatria e a psicanálise.

Em 1798, cinqüenta e nove anos antes do lançamento de *O Livro dos Espíritos,* ele enviou à Imperatriz russa Maria Féodorowna seis cartas que expunham alguns princípios da então desconhecida Doutrina Espírita.

Em 1868, essas cartas mereceram toda a atenção de Kardec, e foram publicadas, na íntegra, em vários números da *Revue Spirite. (Revista Espírita,* IDE, vol. XI, p. 71, 97 e 129) Elas também integram o livro *O Porquê da Vida,* Léon Denis, FEB.

Nas páginas endereçadas à Imperatriz, Lavater exalta os temas que devem ser centrais em nossa vida: Deus, Cristo e o Amor, como veremos nos tópicos seguintes:

"Aquele que ama sem interesse, vive em harmonia com o manancial de todo o Amor, e com todos os que nele bebem. (...) Mas, como poderia esse manancial de amor recusar aparecer ao ente que o ama, justamente na ocasião em que mais necessidades tem dele? Tu, ó Cristo! Tu aparecerás aos homens pelo modo mais caridoso! Oh! sim, tu aparecerás à alma bondosa a quem escrevo e também te manifestarás a mim e te tornarás conhecido."

Sabemos que as grandes almas conquistam o mérito de avistarem-se com o Divino Amigo. Em página recebida pelo médium Chico Xavier, encontramos a narrativa do encontro, num Plano Superior, de Eurípedes, ainda encarnado, em admirável desdobramento, com Jesus. [*A Vida Escreve,* Hilário Silva (Espírito), FEB)

Em 1868, já habitando o Plano Espiritual, Lavater transmitiu uma elucidativa mensagem, na qual afirmou: "a misericórdia divina permitiu que eu, humilde criatura, recebesse a revelação dos mensageiros da imensidade; (...) obtive algumas dessas comunicações por mim diretamente." (*Revista Espírita,* IDE, vol. XI, p. 139.) Uma outra mensagem de sua autoria, intitulada "Teoria da Beleza", recebida em 1869, foi publicada em *Obras Póstumas,* de Kardec. (IDE, p. 167)

36 - EMMANUEL

EMMAÑUEL, de Delpino Filho (óleo sobre tela – Grupo Espírita Luís Gonzaga, Pedro Leopoldo, MG)

Esta linda tela do pintor Delpino Filho retrata Emmanuel (Espírito), envolto por luminosa aura, que se apresenta no Além com traços fisionômicos ao tempo de sua reencarnação em Roma, na personalidade do senador Públio Lentulus.

Quem primeiro divulgou este retrato foi o nosso saudoso confrade Clovis Tavares, em seu livro *Trinta Anos com Chico Xavier,* lançado em 1967, que, assim, conta-nos a sua história:

"Impossível esquecer o lar do querido José Cândido, onde funcionou, durante muitos anos, o "Luís Gonzaga"... (...) A nova sede do Grupo Espírita Luís Gonzaga, construída no local onde se erguia antigamente (e que cheguei a conhecer) a casinha de Maria João de Deus, a bondosa genitora de nosso Chico. Mais tarde, sob a presidência do Dr. Rômulo Joviano, o Grupo Luís Gonzaga adquiriu o terreno em que se situava a singela casinha e ali edificou sua nova sede. Numa de suas dependências, uma sala de oração para os médiuns, encontra-se o famoso retrato mediúnico de Emmanuel, trabalho do conceituado pintor mineiro Delpino Filho. Esse compartimento foi, outrora, na velha casinha de João Cândido e Maria João de Deus, o humilde quarto onde, a 2 de abril de 1910, nasceu Francisco Cândido Xavier. (Ed. IDE, 4ª ed., 1987, p. 94)

Um dia, recordamos a história do retrato de Emmanuel, executado pelo famoso pintor mineiro Delpino Filho*. O assunto fora objeto de

---

(*) Não conseguimos localizar dados biográficos deste conceituado artista. (Nota do Autor desta obra.)

uma reportagem de *A Cigarra,* revista carioca, em seu número de julho de 1948. Palestrando em torno do assunto, Chico me informou que, na verdade, Emmanuel não posou para o pintor, como se poderia imaginar. O artista foi ajudado, na feitura do célebre retrato de Públio Lentulus, por um pintor desencarnado, amigo de Emmanuel. Afirma Chico que o retrato reproduz fielmente a imagem de nosso querido benfeitor ao tempo de senador romano. Apenas uma restrição lhe poderia ser feita: os lábios, na realidade, são mais estreitos e masculinos. Tudo mais é exatíssimo. (...) É digno de admiração o magnífico trabalho artístico de Delpino Filho, uma verdadeira obra de arte do mais puro lavor." (Idem, p. 246)

De Públio a Nestório, de Senador a escravo

Dentre as várias reencarnações conhecidas de Emmanuel, que foi o Guia Espiritual de Francisco Cândido Xavier (1910-2002) e Supervisor de sua obra mediúnica – que deu origem a 412 livros, desdobrando a Codificação realizada por Allan Kardec –, já citamos, no cap. 30, duas delas: nas personalidades dos padres Manuel da Nóbrega e Damiano, que viveram, respectivamente, nos séculos XVI e XVII.

Outras duas reencarnações identificadas, segundo os romances *Há Dois Mil Anos...* e *50 Anos Depois* (Emmanuel, Francisco C. Xavier, FEB), clássicos da literatura espírita, foram: do senador Públio Lentulus, que viveu muitos anos na Palestina, autor da célebre carta endereçada ao Imperador romano, onde fez o retrato físico e moral de Jesus, já analisada no Capítulo 1 desta obra; e do escravo judeu de Éfeso, Nestório, nascido cinqüenta anos depois da desencarnação de Públio, que teve a felicidade de conhecer o Evangelista João, tornando-se um cristão atuante nas catacumbas de Roma.

Emmanuel, o autor da maior produção literária mediúnica

Dos 412 livros recebidos mediunicamente por Chico Xavier, o seu Guia Espiritual escreveu 113, sendo seis (6) em parceria com André

Luiz e um (1) com Irmão José; participou de dezenas de obras de Autores Diversos com belas páginas evangélico-doutrinárias, prefaciando a maioria delas; também prefaciou os livros da Série André Luiz, de outros Autores Espirituais, bem como quase todos os de cartas particulares. Nessa vasta e riquíssima produção literária destacaremos: 1. *Religião dos Espíritos, Na Seara dos Médiuns, Justiça Divina* e *Livro da Esperança* que estudam a obra kardecista; 2. Os romances históricos: *Há Dois Mil Anos..., 50 Anos Depois, Renúncia, Ave, Cristo!* e *Paulo e Estêvão,* 3. *O Consolador,* que analisa, em perguntas e respostas, o tríplice aspecto da Doutrina; 4. *A Caminho da Luz,* a História da Civilização vista do Mais Além; 5. *Caminho, Verdade e Vida, Pão Nosso, Vinha de Luz, Fonte Viva* e *Palavras da Vida Eterna,* que esclarecem textos evangélicos; 6. *Pensamento e Vida,* cartilha utilizada no Além, em escolas de regeneração, pelos candidatos à reencarnação; 7. Vida e Sexo.

37 - EMMANUEL

EMMANUEL, de Anna Cortázzio (desenho em papel, 1980)

Apresentamos neste capítulo uma outra imagem de Emmanuel, revelando-se mais envelhecido do que a anterior, em pintura feita também com auxílio espiritual.

A artista, Anna G. Cortázzio, residente em São Paulo, SP, que domina todas as técnicas de desenho e pintura, já ilustrou vários livros e participa, periodicamente, de exposições.

Mas, em alguns de seus trabalhos, inclusive esse de Emmanuel, a influência espiritual foi nítida: "É como se aparecesse uma fotografia na minha mente."

A sua dedicatória, escrita no próprio quadro, é expressiva: "Para o Chico, com um Amor muito Grande! Anna Cortázzio, 1980."

A seguir, transcreveremos a reportagem que realizamos, ao presenciarmos a entrega desse desenho ao médium Chico Xavier, publicada inicialmente no *Anuário Espírita 1981* e, posteriormente, parcialmente no livro *Entender Conversando* (Francisco C. Xavier/ Emmanuel, IDE, cap. 11):

– Chico, eu trouxe de São Paulo, para lhe mostrar, uma pintura feita pela Anna Cortázzio, de uma Entidade que ela viu quando você orava num chá Beneficente lá em São Paulo – explicou D. Guiomar Albanesi, empunhando um quadro delicadamente dobrado em rolo.

– Verei, com prazer – respondeu o médium.

Este diálogo se verificou na residência de Chico Xavier, em Uberaba, Minas, num sábado de fevereiro de 1980, quando tivemos a oportunidade de visitá-lo antes da reunião pública. Evidentemente, todos os que estavam à volta se interessaram em conhecer a pintura.

– Gostaríamos de saber quem é este Espírito – acrescentou D. Guiomar, desenrolando o quadro.

Expectativa geral. Todos admirando aquela bela figura em lápis Conté sépia.

Chico quebra o silêncio e exclama:

– A Anna é médium, mesmo! – (pausa) – É Emmanuel!

Surpresa geral, pois, não só a D. Guiomar, mas todos ali não haviam atinado com a semelhança desse quadro com o mais divulgado de Emmanuel, desenhado pelo pintor mineiro Delpino Filho – inspirado por um artista desencarnado, amigo de Emmanuel, na cidade de Pedro Leopoldo, Minas Gerais. Acreditamos que a diferença, no setor da identificação, era unicamente no estilo da distinta pintora que nos proporcionou, de novo, a imagem do Mentor Espiritual do médium Xavier.

Analisando o quadro, Chico continuou:

– É lindo... Emmanuel revela um olhar de autoridade consciente... Ele parece olhar para si mesmo... Como se estivesse vivendo conosco.

– E ele está revelando mais ampla maturidade... Olhem os cabelos brancos... Aparece também a túnica romana... – falou D. Guiomar apontando para o quadro.

Nessa altura, alguns entraram no diálogo pedindo mais esclarecimentos ao médium e à D. Guiomar.

– Os Espíritos envelhecem? – alguém perguntou.

– Emmanuel está escrevendo desde 1937, por nosso intermédio. Recebendo fluidos mediúnicos, terrenos, acredito que ele próprio impôs a si mesmo o aspecto de maturidade maior, na expressão de seu corpo espiritual, aceitando certa renovação, qual nós todos. Quando o Espírito é mais evoluído, ele plasma a própria fisionomia, como julga melhor – elucidou Chico Xavier.

– A artista já retratou outras entidades espirituais? – perguntamos.

D. Guiomar explicou:

– Temos, no Centro Espírita Perseverança, em São Paulo, um lindíssimo quadro do Espírito de Meimei feito também pela Anna. Lembra-se dele, Chico?

E, encerrando os comentários em torno dos quadros, Chico respondeu:

– Sim. Recebi a primeira mensagem de Meimei em 1946. Hoje, em meu modo de ver, ela está mais linda. Aquele quadro é autêntico.

"É como se aparecesse uma fotografia na minha mente"

Passados alguns meses, mais precisamente em setembro de 1980, por intermédio de nossa confreira D. Guiomar Albanesi, tivemos um encontro fraterno com a artista e médium Anna Grimaldi Cortázzio (AC), residente em São Paulo, realizando com ela, em nome do A*nuário Espírita* (AE), a seguinte entrevista:

AE – Senhorita Anna, a D. Guiomar já deve lhe ter contado sobre a alegria do nosso caro Chico Xavier ao receber o quadro de Emmanuel feito por você. Tivemos o prazer de presenciar, em Uberaba, esta entrega e anotar os comentários feitos pelos presentes naquela ocasião. E, agora, pretendemos divulgar no *Anuário Espírita* não só o quadro de Emmanuel, mas também o de Meimei, historiando a realização dos mesmos, se você consentir.

AC – Eu sinto imenso prazer em ter essa oportunidade de ver esses trabalhos impressos.

AE – A senhorita nasceu aqui em São Paulo?

AC – Sim. Nasci nesta capital em 27 de abril de 1944.

AE – Onde e quando iniciou os seus estudos de pintura?

AC – Com 14 anos, comecei a estudar desenho e pintura com o Prof. Edmundo Migliaccio. A minha paixão foi sempre a pintura, e foi a ela que me dediquei até agora. Dou aulas às 3ªˢ-feiras e sábados, e nos outros dias dedico ao meu trabalho.

AE – Qual foi o seu primeiro trabalho de pintura mediúnica?

AC – O primeiro trabalho que fiz, retratando Espíritos Amigos do Plano Maior, foi em 1971. Nessa época, começou a freqüentar a minha casa uma senhora que vendia artigos de perfumaria. Em pouco tempo, nasceu entre nós uma profunda amizade e ficamos sabendo que ela, D. Amélia, recebia por incorporação um Espírito de nome Tupinambá. Conversando com ela, descreveu-me, mais ou menos, a figura deste Espírito. Depois de alguns dias, senti uma grande vontade de fazer o retrato de Tupinambá, apesar de ela nada haver pedido. Peguei papel, preparei meus lápis e comecei o trabalho. Dali algum tempo, surgiu aquela figura linda, com os cabelos longos até os ombros e uma faixa branca na testa. Eu fiz o que senti, dentro do conhecimento que tenho de desenho, mas eu não sei explicar direito; é como se aparecesse uma fotografia na minha mente. Depois, uma senhora vidente (pois a D. Amélia não é médium vidente, apenas de incorporação) viu o Espírito de Tupinambá ao lado do retrato, quando este lhe foi mostrado, e era exatamente a mesma figura.

AE – Você teve outros casos semelhantes? Poderia nos contar?

AC – Faz algum tempo, eu sonhava sempre com um negro, uma figura de um "preto velho", mas sem barba e com um pano azul-claro na cabeça. Eu comentava em casa que sempre sonhava, e via essa figura. Numa noite, em um desses sonhos, eu o vi bem junto de mim. No dia seguinte, ficou tão gravado em minha mente, que eu o retratei com aquela técnica de bico de pena. E nunca mais sonhei com ele. Foi-me dito, mais tarde, que ele pertence à corrente médica indiana, mas não sei o seu nome. Fiz também o retrato de Ubiratan, o qual foi confirmada a semelhança. Este trabalho está no próprio Centro Espírita Ubiratan, aqui em São Paulo, na Mooca.

AE – E o de Emmanuel, quando você o retratou?

AC – Há uns 6 ou 7 anos, fomos a um Chá Beneficente com a presença do nosso querido Chico, aqui em São Paulo. Como sempre, você sabe, há dificuldade em chegar até ele, e acabei não chegando. Quando o nosso querido irmão estava fazendo aquela vibração maravilhosa, veio-me à mente, como uma fotografia, essa figura que o Chico confirma que é Emmanuel. Mas, eu só tive oportunidade de realizar esse trabalho no começo deste ano, a pedido da Guiomar, que sabia da minha percepção naquele Chá.

AE – Anna, estávamos esquecendo do quadro de Meimei. Como lhe veio a idéia de fazê-lo?

AC – Neste mesmo mês de setembro do ano passado, em conversa com um grupo de amigas, numa instituição assistencial, aqui em São Paulo, alguém apareceu com uma fotografia de Meimei. A amiga Inês demonstrou interesse em ampliar aquela foto, mas lembraram que a ampliação ficaria muito cara. Mais tarde, naquele mesmo dia, comecei a cultivar a idéia de fazer um quadro de Meimei para a Inês, embora tivesse visto a foto apenas de relance. E naqueles dias, fiz o quadro. Poucos meses depois, o nosso querido Chico Xavier veio a São Paulo, viu o quadro que já estava no Centro Espírita Perseverança, e gostou muito.

AE – Acreditamos que você esclareceu muito bem o seu trabalho mediúnico aos nossos leitores. Somos gratos pela sua amabilidade e boa vontade em nos tolerar com tantas perguntas. Encerrando esta agradável e proveitosa entrevista, queremos desejar a você, Anna, muita paz e constante progresso em seu nobre trabalho profissional e não menos nobre exercício mediúnico.

AC – Muito obrigada, felicidades e que Deus os ilumine e ampare sempre.

38 - MEIMEI

MEIMEI, de Anna Cortázzio (desenho em papel, 1980)

Como vimos no capítulo anterior, Chico Xavier, ao ser interrogado sobre o quadro do Espírito de Meimei elaborado pela artista e médium Anna Cortázzio, igualmente feito com lápis Conte sépia, que ele havia visto no Centro Espírita Perseverança, em São Paulo, assim respondeu:

– Sim. Recebi a primeira mensagem de Meimei em 1946. Hoje, em meu modo de ver, ela está mais linda. Aquele quadro é autêntico.

Na história dessa pintura, há um detalhe interessante: o leitor observará, no final da entrevista de Anna, que ela esclareceu ter realizado esse trabalho em setembro de 1979. Mas, recentemente, explicou-nos: somente após a autenticação de Chico Xavier, feita em fevereiro de 1980, em Uberaba, é que ela identificou a figura de Meimei com esta legenda: "Meimei vista por Anna Cortázzio em 1980."

Meimei (Blandina) – Carinhosa educadora de crianças

Em sua última encarnação, Meimei (Espírito) recebeu o nome de Irma de Castro Rocha. Nasceu em Mateus Leme, MG, a 22 de outubro de 1922, e deixou o Plano Físico em Belo Horizonte, MG, a 19 de outubro de 1946.

Nos estudos, sempre foi uma aluna brilhante, mas cursou somente até o 2º Ano do Curso Normal (para formação de professores primários) devido à sua enfermidade. Adquiriu grande cultura ao "devorar livros", porém nada escreveu.

Em 1942, casou-se com Arnaldo Rocha. Ela sempre dizia ao

esposo: "– Se possível, teremos uma casa cheia de crianças." Mas, logo após o casamento, contraiu uma grave doença renal (nefrite crônica), com evolução de quatro anos, lenta e progressiva, até a sua desencarnação.

Qual a origem do apelido Meimei?

Eis a explicação de seu marido: "Era normal lermos livros juntos. (...) Conhecíamos toda a obra traduzida de Lyn Yutang. Grande admiração possuíamos por esse autor. Meimei, após a leitura de *Um Momento em Pequin*, passou a chamar-me de meu "Meimei", pois possuía antigamente, quando mais novo, os olhos rasgados como um mongol. Ambos nos mimoseávamos com milhões de carinhosos e ternos apelidos." (*Meimei, Vida e Mensagem*, Arnaldo Rocha, Alberto de Souza Rocha e Wallace L. V. Rodrigues, O Clarim, p. 47 e 78.) Passaram a chamar-se um ao outro de Meimei, mas, com o tempo, esta designação, que na língua chinesa significa "amor puro", prevaleceu para ela.

Seu esposo Arnaldo, que dirigiu o Grupo Meimei, de Pedro Leopoldo, MG, encarregado das tarefas de desobsessão, e que organizou os livros *Instruções Psicofônicas, Falando à Terra* e *Vozes do Grande Além*, constituídos de mensagens psicofônicas recebidas por Chico Xavier, narra algumas atividades de Meimei no Mundo Maior ao responder à seguinte pergunta de Wallace:

"– Você pode nos dizer como Meimei se encontra na vida espiritual?

– Meimei fala-nos das suas tarefas junto à infância. Procure o livro do amado André Luiz, *Entre a Terra e o Céu*, capítulos 9 e 10, e você ficará inteirado a respeito de seus afazeres. Blandina é o nome de Meimei. (...) Mas, além de cuidar de crianças, existem também enfermos, encarnados e desencarnados, aos quais se dedica amorosamente, sob a orientação de Frei Pedro de Alcântara – o Quinto Varro – que é o irmão Corvino em *Ave, Cristo! (Meimei, Vida e Mensagem*, p. 67.)

Além dessas atividades, ela escreveu excelentes livros, pela psicografia de Chico Xavier, assim intitulados: *Pai Nosso, Cartilha do Bem, Evangelho em Casa, Amizade, Palavras do Coração, Deus Aguarda, Sentinelas da Alma, Somente Amor* (com Maria Dolores), bem como numerosas mensagens publicadas em obras de Autores diversos, tais como: *Instruções Psicofônicas, Mãe* e *Aulas da Vida*.

Este belíssimo trabalho literário, tão útil à evangelização infantil e a todos nós, tem motivado numerosos confrades a homenageá-la, colocando seu nome em departamentos ou setores assistenciais das instituições, especialmente àqueles dedicados às crianças e às gestantes.

No século I, a senhora romana Blandina foi uma das pioneiras da evangelização infantil

Ignácio de Antioquia (27-117), um dos mais destacados apóstolos do Cristianismo primitivo, estando no distante reino de Pontus (hoje, norte da Turquia), em noite estrelada no ano 75, recebeu uma rápida visita do Cristo, que Lhe transmitiu apenas esta orientação:

"– Ignácio, lembra-te do que disse aos meus discípulos para que deixassem vir a mim as criancinhas!"

Logo após a visão inesquecível, o apóstolo falou ao seu companheiro de jornada:

"– Cefas, meu filho, Jesus veio nos dar a sua bênção misericordiosa, instruindo-nos no caminho a seguir. De hoje em diante, nos devotaremos à evangelização da criança para o Cristo. Apollônia Pôntica vai marcar o início de novas atividades com Jesus. Haveremos de encontrar corações devotados à infância para guiá-la em nome do Mestre para as bênção da Eterna Luz!

De fato, assim foi feito desde a manhã que se seguiu ao encontro espiritual.

Em Apollônia Pôntica, generosas senhoras se predispuseram ao trabalho de amparar e instruir as criancinhas para as luzes do Evangelho de Jesus. Foi lá que Ignácio e Cefas encontraram uma jovem senhora romana, de nome Blandina,[3] que se destacou pelo devotamento e pelo carinho no amparo aos pequeninos. Desde então, em todas as partes, em vinte e um séculos de Cristianismo, a Humanidade assiste ao desdobramento e à multiplicação da árdua e meritória tarefa da evangelização infantil."

Em nota de rodapé, nº 3, do cap. XXXIV, da obra *Ignácio de Antioquia* (médium Geraldo Lemos Neto), o autor espiritual Theophorus resgistra: "Um das encarnações da benfeitora espiritual Meimei."

39 - ANDRÉ LUIZ

ANDRÉ LUIZ, de Jô e Waldo Vieira (desenho em papel, 1963)

Quem foi André Luiz? Após 50 anos, o esclarecimento de Chico Xavier

Na década de 60, quando estudava a série das obras de André Luiz, psicografadas por Francisco Cândido Xavier, naturalmente entusiasmado com a riqueza de suas informações, colhidas em estágios realizados em vários setores de aprendizagem do Mais Além, e transmitidas com atraente descrição romanceada, também tive, como muitos confrades, a curiosidade de saber quem era o autor, desencarnado há poucas décadas, que se ocultava com aquele pseudônimo.

Esta curiosidade foi aguçada por uma observação da revista *Reformador* que, ao divulgar o lançamento de mais uma obra de André Luiz, pela FEB, identificou-o como um ilustre médico do Rio de Janeiro,

Passei, então, a pesquisar sua identidade, consultando biografias de vultos da medicina brasileira, embora lembrando sempre da advertência de Emmanuel, conforme se lê em seu prefácio para o livro *Nosso Lar,* o primeiro da série: "Embalde os companheiros encarnados procurariam o médico André Luiz nos catálogos da convenção. Por vezes, o anonimato é filho do legítimo entendimento e do verdadeiro amor."

Confirmando a advertência do sábio Guia espiritual do médium, minhas pesquisas foram infrutíferas. Elas indicavam, como o autor mais provável, o Dr. Álvaro Alvim (1863-1928), que escreveu vários livros médicos e foi mártir da medicina brasileira. Alguns dados biográficos e a sua fisionomia, estampada na *Enciclopédia Lello Universal,* levavam a essa hipótese, que não satisfazia o nosso objetivo.

Citei a fisionomia porque a imagem de André Luiz já havia sido divulgada pelo *Anuário Espírita 1964,* que a apresentou juntamente com a entrevista deste Espírito através dos médiuns Francisco C. Xavier e Waldo Vieira. Após esta entrevista, realizada em Uberaba, MG, em 1963, com a presença do devotado confrade Jô (Joaquim Alves, S. Paulo, SP, 1911-1985), autor de numerosas capas de livros espíritas, este conhecido artista solicitou ao Dr. Waldo um esboço da imagem de André Luiz, fundamentado em sua clarividência. Atendido em seu pedido, em face de sua facilidade para desenhar, Jô efetuou a arte final daquele retrato.

Portanto, não encontrando uma solução clara para a questão, na primeira oportunidade recorri ao médium amigo Chico Xavier, participando-lhe minha pesquisa. Ele, como sempre, ouviu-me pacientemente, e, a seguir, esclareceu-me de forma incisiva: – Não perca tempo, pois a biografia de André Luiz, em *Nosso Lar,* está toda truncada."

Com esta oportuna advertência, encerrei definitivamente minhas pesquisas, entendendo que havia, de fato, razões seriíssimas para o autor se ocultar, não só com o seu pseudônimo, mas também alterando sua própria biografia, sem nenhum prejuízo na transmissão dos ensinamentos superiores dos quais era portador.

Finalmente, o médium elucida-nos completamente

Em 20 de fevereiro de 1993, num fim de semana, ao visitar o estimado médium Chico Xavier, em sua residência, tivemos uma surpresa feliz.

Juntamente com três familiares – esposa Maria de Nazareth, nosso filho Hélio Ricardo e tio Hélio – entramos na copa de sua casa, local habitual em que ele recebia os visitantes, encontrando-o assentado, em palestra com alguns confrades, dentre eles, Dorival Sortino, presidente das Casas Fraternais O Nazareno, de Santo André, SP, e um médico, já idoso, do Rio Grande do Sul, que integrou a última turma de alunos do Dr. Carlos Chagas, no Rio de Janeiro. Este, quando residia nos Estados Unidos, teria auxiliado o médium quando em uma de suas viagens àquele país.

Logo depois que chegamos, Chico e o médico passaram a dialogar sobre a figura do Prof. Dr. Carlos Chagas (1879-1934), médico e cientista brasileiro, que se tornou célebre por estabelecer, sozinho e simultaneamente, a etiologia, características patológicas e prevenção de uma nova e grave enfermidade, que em sua homenagem foi denominada *doença de Chagas*.

A certa altura da conversa, Chico abordou uma questão, que muito me surpreendeu, pois o esclarecimento da mesma nunca havia sido divulgado. Nesse momento, passamos a anotar a sua fala, como sempre fizemos,

Prof. Dr. Carlos Chagas

eu e minha esposa, quando ouvíamos algo mais interessante do querido médium. Contou-nos, então, com naturalidade, que, ao terminar a psicografia do livro *Nosso Lar*, esperava que o seu autor usasse o seu próprio nome da última encarnação. Mas para sua surpresa, certa noite, estando em desdobramento espiritual, mantendo um diálogo com o Dr. Chagas, foi informado de que, para não criar problemas ao médium, ele usaria um pseudônimo. E dentro de um ano, Chico entenderia melhor esta decisão.

A seguir, Chico perguntou-lhe qual pseudônimo ele usaria. Então o autor olhou para o irmão do médium, chamado André Luiz, que dormia na cama ao lado, e disse-lhe que usaria o nome dele. E assim foi feito.

A primeira edição de *Nosso Lar* foi lançada, pela FEB, em 1944, com prefácio de Emmanuel, datado de 3 de outubro de 1943. E o que aconteceria no próximo ano?

Em 1944, a sra. viúva do renomado escritor Humberto de Campos (1886-1935) pleiteou na Justiça os direitos autorais das obras mediúnicas de Humberto de Campos – Espírito, recebidas por Francisco C. Xavier e editadas pela FEB. Surgiu então, "o caso Humberto de Campos", caracterizado como escândalo pela grande imprensa. A propósito, disse-nos o Chico: "Foi horrível por causa do alarme da imprensa." (Ver depoimento do médium em *Chico Xavier – o Apóstolo da Fé,* Carlos A. Baccelli, LEEPP, 2002, cap. "Chico, 89 primaveras!".)

Após longa trajetória, o Processo chegou ao fim com a absolvição dos réus: o médium e a editora. A partir dessa época, Humberto de Campos, Espírito, passou a usar o pseudônimo Irmão X em seus livros psicografados.

Portanto, é fácil entender a preocupação do Dr. Carlos Chagas (André Luiz) em não se identificar como o Autor de *Nosso Lar,* que, segundo a programação superior, representava o marco inicial de uma longa série de livros. Era necessário que, além do pseudônimo, o Autor espiritual não fosse, de forma alguma, identificado graças à providência de truncar dados de sua vida sem afetar o elevado conteúdo da obra.

※ ※ ※

Por que esta revelação, tão esperada por muitos confrades, feita há 10 anos, em Uberaba, exatamente 50 anos (1943-1993) após a psicografia de *Nosso Lar,* está sendo divulgada agora?

Estamos convictos de que este é o momento certo.

Recentemente, a revelação da identidade espiritual André Luiz/ Dr. Carlos Chagas foi feita pelo Dr. Inácio Ferreira (Espírito) em sua obra *Na Próxima Dimensão* (Médium Carlos A.Baccelli, LEEPP, 2002), ao narrar a sua visita a André Luiz, na cidade Nosso Lar, oportunidade em que se estabeleceu ò seguinte diálogo:

– (...) um dia, fui Carlos Chagas (...)

– Você não era Osvaldo Cruz?... – indaguei sem vacilar.

– Não!...

– E por qual motivo não se identificou desde o início?

– A obra do médium Xavier não necessitava do meu nome para lhe conferir credibilidade e, depois, precisávamos evitar maiores problemas para a Doutrina...

– Está se referindo ao caso envolvendo a família do escritor Humberto de Campos?

– A ele e ao estardalhaço que a imprensa leiga haveria de promover; se o próprio Emmanuel constitui pseudônimo, porque eu não poderia ter feito o mesmo?..." (Cap. 33)

Este livro, que também aborda a desencarnação de Chico Xavier vista do Mundo Maior, tem alcançado grande sucesso, com tiragens sucessivas. E muitos de seus leitores, conforme exteriorizam em seus artigos na imprensa espírita, têm pesquisado a vida do Dr.Carlos Chagas, não encontrando, obviamente, conforme ocorreu comigo, décadas atrás, confirmação de alguns detalhes da última existência física de André Luiz, narrado em *Nosso Lar,* com a biografia do célebre cientista brasileiro.

Esta é a razão principal que nos motivou a trazer aos leitores amigos a palavra esclarecedora do nosso inesquecível médium Chico Xavier.

"– Parece com ele."

Meses após a identificação feita por Chico Xavier, adquirimos dois volumes do livro *Meu Pai,* recentemente lançado pela Casa de Oswaldo Cruz – Fundação Oswaldo Cruz, do Rio de Janeiro, RJ, em 1993, rica biografia do cientista Carlos Chagas, fartamente ilustrado, com 294 páginas, de autoria de Carlos Chagas Filho (1911-2000), igualmente cientista famoso, pesquisador honorário da Fundação Oswaldo Cruz, membro da Academia Brasileira de Letras, destacando-se também como Presidente da Academia Pontifícia de Ciências do Vaticano, no período de 1971 a 1988.

A compra de dois volumes foi com a intenção de também presentear o médium amigo de Uberaba, com um dos dois volumes, o que fizemos na primeira oportunidade.

Ao entregar-lhe o livro, Chico agradeceu-nos e, após analisar atentamente a capa do mesmo, ilustrada com a imagem do Dr. Carlos Chagas, em bela aquarela de Glauco Rodrigues, disse-nos: "– Parece com ele.", evidentemente referindo-se à semelhança da fisionomia do biografado com André Luiz, Espírito.

"Recordações de meu Pai" – um perfil de Carlos Chagas

O último capítulo da obra acima citada (que apresenta a expressiva dedicatória: " A Evandro, meu irmão, cujo espírito me acompanhou na elaboração deste trabalho.") focaliza as recordações íntimas do autor, constituindo um belo perfil da personalidade de seu genitor, do qual transcreveremos, a seguir, alguns tópicos:

"De seu último período em Manguinhos, guardo a recordação de nossas conversas. Eram horas e horas em que ficava a escutá-lo e, pelas suas palavras, pude penetrar em grande parte de sua alma e conhecer episódios de sua vida. Foi o momento no qual, certamente, mais procurou influir em mim e formar a minha personalidade, contando-me sobretudo os erros – tão poucos! – que cometera. Ensinou-me a difícil tarefa de compreender as gentes e amá-las."

"Guardo de meu pai a certeza de que era um homem simples, no que a palavra tem de mais autêntico. Honrarias, louvações e atitudes de subserviência nada lhe diziam. Sendo um homem forte, queria que os que o acompanhassem assim fossem e não aceitassem suas palavras como irrebatíveis.

Sua indiferença frente dos aspectos materiais da vida era total, a não ser a pequena vaidade de gostar de vestir-se com esmero, vaidade que aos poucos foi desaparecendo. Quando morreu não deixou bens, senão a casa da rua Paissandu."

"Várias vezes procurei saber qual a sua posição em face da religião. Mostrou-se sempre avesso a esse debate. Creio que o seu espírito se dividia entre a profunda religiosidade de sua mãe e de seus tios – muitos dos quais sempre de terço na mão – e o agnosticismo, que era a tônica da grande maioria dos cientistas de sua geração. Profundamente respeitador do sentimento alheio, nunca o ouvi discutir este assunto, nem dizer uma frase de mínimo desacordo com o fato de que, a partir de um certo momento, comecei a freqüentar a Igreja. Não importa tentar perquirir a intimidade de seu sentimento religioso. O importante é assinalar que a sua vida se completou dentro dos preceitos mais fundamentais do Evangelho."

"Meu pai não foi um cientista acadêmico, um homem de laboratório, interessado somente no seu próprio progresso intelectual e na ascensão do seu reconhecimento internacional. O que desejou, na verdade, foi servir o povo brasileiro, tirando do seu convívio com os filhos dos colonos das fazendas em que viveu, com as gentes com quem conviveu em Lassance e com aqueles que amou na bacia Amazônica, a força para entregar-se ao que há de mais importante na vida de um homem: não viver para si, mas viver para servir o seu próximo. Analisando a vida de meu pai, penso que dele nos deixa uma grande mensagem: a de que a vida humana só tem significação quando utilizada para servir. Esta é a lição que ele aprendeu na freqüência da miséria que viu em Minas, na Amazônia e um pouco por todo o Brasil."

"Até mesmo quando, no ano de sua morte, Gustavo Pitaluga, chefiando um grupo de patologistas europeus, escreveu-lhe pedindo todas as suas publicações e o seu currículo para apresentá-lo como candidato ao prêmio Nobel de 1936, sua emoção não chegou a modificar-lhe o clima de vida, nem mesmo suas aspirações. Seu interesse pelos de menor situação na sociedade traduzia-se, perfeitamente, na maneira suave e carinhosa com a qual se aproximava dos pacientes nos hospitais que o vi freqüentar. Para ele, cada ser humano tinha uma expressão própria que devia ser respeitada no mais profundo sentido ético que tem o substantivo "ser". Sua vida pode traduzir-se pela oposição que deu ao "ser" em relação ao "haver"."

"Quando cheguei a Lassance, 21 anos depois do momento em que meu pai descobriu a doença de Chagas, as histórias de sua devoção aos enfermos e de sua preocupação com os pobres com quem se avistava era a moeda mais corrente dos entretenimentos que tive com a parte da população que tão bem se lembrava dele."

"Durante o exercício da medicina, na ocasião de sua instalação, pouco duradoura, na rua da Assembléia, muitas vezes – como já foi assinalado – tirava do seu bolso a soma necessária para pagar a receita que prescrevera na consulta, as mais das vezes nem cobrada. Não por uma injustificável soberba, mas porque achava que a medicina devia ser exercida gratuitamente. (...) Chagas era um homem devotado ao seu semelhante, qualquer que fosse a sua situação social ou econômica. Entretanto, o dinheiro que não recebia dos pacientes, ou que lhes dava para aviamento da receita, faltava, às vezes, fortemente, ao orçamento doméstico."

Estas "Recordações" representam um expressivo coroamento da

extensa e rica biografia que recebeu o título carinhoso de *Meu Pai*. Revelam-nos o homem virtuoso que cumpriu elevada missão na Terra, pautando sua vida à luz do Evangelho.

Portanto, ele estava preparado para desempenhar nova e sublime tarefa, sob as bênçãos de Jesus, que se iniciou com o livro *Nosso Lar*, utilizando-se do pseudônimo André Luiz.

Autor de autêntica revelação dentro da Terceira Revelação

Integrando a obra literária de André Luiz (Espírito), recebida pelos médiuns Francisco Cândido Xavier e Waldo Vieira, a Coleção "A Vida do Mundo Espiritual", composta de 13 livros, todos no estilo romanceado de *Nosso Lar* (1943) a *E a Vida Continua...* (1968), trouxe tantas informações novas do Mais Além, que tem sido considerada, judiciosamente, como verdadeira revelação dentro da Terceira Revelação.

Os seus relatos preciosos, acompanhados de elevadas lições de Benfeitores abalizados, incluindo avançadas revelações científicas, trazem sempre um importante conteúdo evangélico.

Enaltecendo a Coleção referida, também chamada Série "Nosso Lar", o renomado cientista espírita Dr. Hernani Guimarães Andrade (1913-2003) fez a seguinte previsão: "As obras de André Luiz, psicografadas por Francisco Cândido Xavier, serão, futuramente, objeto de estudo sério e efetivo nas maiores universidades do mundo, e consideradas como a mais perfeita informação acerca da natureza do homem e da sua vida após a morte do corpo físico." (*A Matéria Psi*, Hernani G. Andrade, O Clarim, p. 15)

Em princípios de 2000, as Organizações Candeia, de Catanduva, SP, realizou oportuna pesquisa bibliográfica para definir quais os dez melhores livros espíritas do século XX. E, na relação dos escolhidos, aparecem três de André Luiz: *Nosso Lar*, o mais votado, *Evolução em Dois Mundos* e *Missionários da Luz*. (*Anuário Espírita 2001*, p. 35)

Além da Série "Nosso Lar", André Luiz escreveu 15 obras, sendo seis (6) em parceria com Emmanuel e uma (1) com Lucius / F.C. Xavier e Heigorina Cunha *(Cidade no Além);* e também participou de muitas outras de Autores Diversos.

40 - SCHEILLA

SCHEILLA, arte fotográfica de Vicente Avela (baseada em aquarela de Tongo e retrato falado de Francisco Cândido Xavier)

De 1975 até o final de sua missão mediúnica, Chico Xavier contou com a colaboração valiosa e constante de Vivaldo da Cunha Borges nas tarefas do livro espírita. Ele residia com o médium na condição de filho do coração.

Vivaldo datilografava todas as mensagens psicografadas, que, posteriormente, sob a orientação de Chico/Emmanuel, eram reunidas na formação de novos livros. (Ver reportagem sobre seu trabalho no *Anuário Espírita 1988*, p. 240)

Também realizou um serviço meticuloso de catalogação de todas as mensagens, inclusive as antigas, já incluídas em livro, dando origem à obra *Índice Geral das Mensagens Psicografadas por Francisco Cândido Xavier*, de 496 páginas. (Ed. União Espírita Mineira, Belo Horizonte, MG)

Em 1995, em uma de nossas idas a Uberaba, a serviço do IDE, vimos, no setor residencial de Chico onde Vivaldo morava, um belo retrato de Scheilla. E, lembrando do antigo vínculo espiritual desse companheiro com ela, que se evidencia em seu livro *Trajetória* (com Carta-Prefácio da própria Scheilla, recebida por Francisco C. Xavier, Ed. CEU, São Paulo, SP, 1ª edição em 1993), o interpelamos sobre a origem daquela imagem.

Com a gentileza de sempre, Vivaldo esclareceu-nos que aquele retrato foi o resultado de uma realização artística do fotógrafo Vicente

Avela, de São Paulo, há poucos anos. Este baseou seu trabalho na aquarela feita pelo Espírito materializado Tongo, entre 1948 e 1950, e publicada, em preto-e-branco, no livro *Materializações Luminosas* (R.A. Ranieri, p. 91), imprimindo-lhe modificações, em várias etapas, fundamentadas em orientações específicas do médium Chico Xavier.

Foi muito semelhante com o que ocorreu na elaboração do Retrato de Maria, que ilustra o Cap. 2 desta obra, baseado num retrato falado que o Espírito de Emmanuel ditou a Chico Xavier e este, em vários contatos pessoais, transmitiu-o ao fotógrafo referido, propiciando retoques sucessivos até à arte final.

Comparando a aquarela de Tongo com o retrato de Avela, nota-se que Scheilla ficou bem mais remoçada (além do acréscimo das cores e de outros detalhes fisionômicos), como ela se apresenta, realmente, na atualidade.

Encarnações anteriores na França e Alemanha

Temos notícias apenas de duas encarnações de Scheilla, segundo informações de Vivaldo da Cunha Borges provenientes de revelações mediúnicas: uma na França, no século XVI, e outra na Alemanha, onde ela desencarnou em 1943.

Na existência francesa, chamou-se Joana Francisca Frémiot, nascida em Dijon a 28/01/1572 e desencarnada em Moulins a 13/12/1641. Ao entrar na história, ficou mais conhecida como Santa Joana de Chantal (canonizada em 1767) ou Baronesa de Chantal.

"Casou aos 20 anos com o barão de Chantal. Tendo muito cedo perdido seu marido, abandonou o mundo com seus 4 filhos, partilhando o seu tempo entre orações, as obras piedosas e os seus deveres de mãe. Em 1604, tendo vindo pregar em Dijon o bispo de Genebra, S. Francisco de Salles, submeteu-se à sua direção espiritual. Fundaram em Annecy a congregação da Visitação de Maria (1610), que contava, à data de sua morte, 87 conventos e, no primeiro século, 6500 religiosos A baronesa de Chantal dirigiu como superiora, de 1612 a 1619, a casa que havia fundado em Paris, no bairro de Santo Antônio." *(Enciclopédia e Dicionário Internacional,* W.M. Jackson, Inc.).

Em Paris, "instalaram-se em pequena casa alugada em bairro pobre. Passaram por grandes necessidades. (...) A Ordem da Visitação (de Paris) foi aumentando e superou as dificuldades. (...) Em 1619, São Vicente de Paulo ficou como superior do Convento da Ordem da Visitação. (...) Santa Joana de Chantal deixou o cargo de superiora da Ordem da Visitação e voltou a Anecy, onde ficava a casa-mãe da Ordem. A Santa, várias vezes, tornou a ver São Vicente de Paulo, seu confessor e diretor espiritual.

A 13 de dezembro de 1641 ela veio a falecer. Foi o padre Vicente a primeira pessoa que teve conhecimento do tão triste trânsito. Deus lhe anunciou através de uma visão, a única em Sua vida, como bem diz o Santo. Alguns dias depois, chegou a Paris a notícia do falecimento da grande Santa." [*São Vicente de Paulo* (*O Sacerdote Exemplar*), Messias Gonçalves Teixeira, pp.29 a 32, com Aprovação Eclesiástica, Campinas, SP, 1986]

Esta notável visão assim está registrada na obra *Mediunidade dos Santos,* de Clovis Tavares (ed. IDE), à p. 155, transcrita do livro *São Vicente de Paulo,* do Padre Guilherme Vaessen C.M.:

"Quando Vicente soube que Santa Joana de Chantal estava para morrer, ajoelhou-se e implorou a Deus por ela. No mesmo instante lhe apareceu um pequeno globo luminoso que se elevava da terra e ia unir-se, mais alto, a um globo maior e mais luminoso; e os dois, reduzidos a um só, sempre subindo mais alto, foram entrando e sumindo-se em outro globo ainda muito maior e mais luminoso. Compreendeu que o primeiro globo era a alma de Joana, o segundo a do santo bispo (196) e o terceiro, a Essência Divina. Celebrando, depois, a santa missa e rezando, no momento dos mortos, pela defunta, teve a mesma visão e assim, como ele mesmo o declara, se persuadiu de que aquela alma era bem-aventurada e não precisava de orações."

A nota de rodapé n° 196 esclarece: "Refere-se o Padre Vaessen ao Bispo de Genebra, Francisco de Sales, que fora instrutor espiritual de Joana. O bispo desencarnara em 1622 (...)"

A outra encarnação conhecida de Scheilla verificou-se na Alemanha, sabendo-se apenas que ela foi enfermeira e desencarnou durante a II Grande Guerra, em Hamburgo, em consequência do ataque aéreo sobre esta cidade [segundo informação que colhemos de Chico Xavier, em 1995, dizendo-nos que a recebeu do médium Peixotinho (1905-1966), quando ainda encarnado.], "o mais violento de todo o conflito, realizado nos meses de julho e agosto de 1943, durante o qual foi destruída mais da metade das edificações." *(Enciclopédia Mirador)*

Trabalho espiritual de Scheilla no Brasil

Tudo indica que Scheilla vinculou-se, algum tempo após a sua desencarnação em terras alemãs, às falanges espirituais que atuam em nome do Cristo, no Brasil.

Conta-nos R.A. Ranieri, em seu livro *Materializações Luminosas* (FEESP, São Paulo, SP, 3ª ed., pp. 21 e 22), que, numa das primeiras reuniões de materialização, realizadas através da mediunidade de Francisco Lins Peixoto ou Peixotinho, das quais tomou parte, iniciadas em 1948, já surgiu a figura caridosa de Scheilla:

"(...) em Belo Horizonte, marcou-se uma pequena reunião que seria realizada com a finalidade de se submeter a tratamento dona Ló de Barros Soares, esposa de Jair Soares. (...) No silêncio e na escuridão surgiu a figura luminosa de mulher, vestida de tecidos de luz e ostentando duas belas tranças. Era Scheilla, entidade que na última encarnação animou uma moça alemã. Nas mãos trazia um aparelho semelhante a uma pedra verde-clara e ao qual se referiu dizendo que era um aparelho ainda desconhecido na Terra, emissor de radioatividade. (...) Fez aplicações com o aparelho em dona Ló. (...) A simplicidade e a beleza do Espírito nos falava das regiões benditas da perfeição (...). Depois de alguns minutos, levantou-se da cadeira e fez uma belíssima pregação evangélica em que repetia a necessidade urgente de que nos 'identificássemos com o Evangelho de Cristo'. Com sotaque alemão e voz absolutamente de mulher."

Alguns anos depois, também em Belo Horizonte, formou-se um novo grupo com trabalhos de materialização realizados através da mediunidade de Fábio Machado, "orientado pelo Espírito luminoso de André Luiz, que dera à irmã Scheilla o encargo de dirigi-lo. Passou assim o pequeno Grupo a denominar-se Grupo Irmã Scheilla." (p. 79 do mesmo livro de Ranieri)

Em vários grupos espíritas brasileiros, além de sua atuação na assistência à saúde humana, ela sempre se caracterizou em trazer às reuniões certos objetos (fenômeno de transporte) e distribuir no recinto éter ou perfume. Lembro-me de que em reuniões de Uberaba, com a presença de Chico Xavier, quando se sentia ondas de éter ou perfume, os mais assíduos freqüentadores exclamavam: "Scheilla está chegando."

Ranieri assim registra no seu livro citado, à p. 39, um interessante transporte de flores perfumadas para o interior do recinto:

"A reunião já se avizinhava de seu fim, quando surgiu o Espírito de Scheilla materializado, que fez breve preleção e anunciou que iria distribuir cravos frescos aos assistentes: cravos vermelhos para os homens e cravos brancos para as mulheres. (...) O perfume das flores inundou o ambiente. "

E na obra *Chico Xavier – 40 Anos no Mundo da Mediunidade,* de Roque Jacintho (Edicel, S. Paulo, 1967, 1ª ed., IV Parte) encontramos depoimentos preciosos de Joaquim Alves (artista Jô) em torno de fatos ocorridos, em 1952 e 53, na cidade de Pedro Leopoldo, com a presença de Chico Xavier e do Espírito de Scheilla.

Livros e Mensagens

Um outro importante campo de ação do Espírito de Scheilla tem sido na área cultural, com os seus valiosos livros *Flor de Vida* e *Convites aos Corações* (médium João Nunes Maia, Ed. Cristã Fonte Viva, Belo Horizonte, MG) e participação em outros dez livros, psicografados por Francisco C. Xavier, com belas e instrutivas mensagens.

Relacionaremos, a seguir, estas dez obras, com os respectivos títulos das mensagens nelas contidas:

1- *A Vida Fala III* (FEB) – Luz no Lar. 2 - *Caridade* (IDE) – Pão, Ouro e Amor. 3 - *Ideal Espírita* (CEC) – Cérebro e Estômago; Cultura de Graça; O Instrumento; Sinais de Alarme; Treinamento e Regimes; e Vinte Exercícios. 4 - *Luz no Lar* (FEB) – Luz no Lar. 5 - *Mãos Marcadas* (IDE) – Figurino. 6 - *Passos da Vida* (IDE) – Bens e Males; Pontos Mortos; e Tudo Certo. 7 – *Relicário de Luz* (FEB) – Suor e Lágrimas. 8 - *Seguindo Juntos* (GEEM) – Esmolas Esquecidas. 9 - *Taça de Luz* (LAKE) – Disciplina; O Capital dos Minutos; e Pão, Ouro e Amor. 10 - *Visão Nova* (IDE) – Abençoa Sempre e Prece de Amor.

41 - JOANNA DE ÂNGELIS

JOANNA DE ÂNGELIS (SÓRORES JUANA INÉS DE LA CRUZ e JOANA ANGÉLICA DE JESUS), de Aurora Parpal (óleo sobre tela, 76 cm x 62 cm – 1981, Mansão do Caminho, Salvador, BA)

Belíssima tela da renomada pintora cubana Aurora Parpal, que reúne, harmoniosamente, três figuras femininas, tendo à frente a veneranda Joanna de Ângelis, Mentora espiritual do devotado médium e orador Divaldo Pereira Franco.

Trazendo ao peito, sobre o escapulário azul, o grande medalhão prelacial de prata, representativo de sua Ordem, ela apresenta uma fisionomia muito semelhante àquela estampada em conhecida pintura de Sóror Joana Angélica de Jesus (Salvador, BA, 1761-1822), que foi a sua mais recente reencarnação.

No alto, à direita e mais ao fundo, vê-se a Imagem de Sóror Juana Inés de la Cruz (1651-1695), em sua biblioteca, que se destacou como grande intelectual mexicana. Esta foi também uma das vidas anteriores de Joanna de Ângelis.

E à esquerda, no alto do quadro, a artista registrou a imagem, com feições femininas, de um Espírito Superior apresentando duas grandes asas, como habitualmente são representados os Anjos, emitindo irradiações luminosas, muitas delas assemelhando-se a cordões fluídicos, que envolvem Joanna de Ângelis. Assim, parece-nos que a pintora quis retratar a Entidade (Anjo Guardião) que supervisiona, sábia e amorosamente, a ascensão espiritual de sua tutelada.

Recentemente, Divaldo forneceu-nos esta interessante informação sobre o trabalho da Sra. Aurora Parpal: na ocasião em que lhe ofereceu sua obra, contou-lhe que, "nada obstante seja pintora clássica, esse quadro teve características especiais, porque ela o fez em semitranse, inclusive tendo conseguido ver o Espírito psiquicamente nas duas reencarnações, ora como Sóror Juana Inés de la Cruz (anterior) e Joana Angélica de Jesus (a mais recente)."

De Joana de Cusa a Juana Inés de la Cruz

Joanna de Ângelis entregou o seu coração às luzes do Evangelho desde o alvorecer do Cristianismo, quando viveu em solo palestino na figura de Joana de Cusa.

O Apóstolo Mateus registrou a sua presença como cristã devotada, destacando-se entre "as mulheres que serviam a Jesus". (8:1 a 3 e 24: 1 a 12)

E Humberto de Campos, Espírito, dedicou um capítulo de sua obra *Boa Nova* (Francisco C. Xavier, FEB, cap. 15) à esposa de Cusa, um importante funcionário de Herodes. Baseado neste livro é que apresentaremos a seguinte síntese de sua vida:

Com a desencarnação do marido, que estava muito endividado, Joana entrou na viuvez em grandes dificuldades, precisando trabalhar para manter seu filhinho. Muitos anos depois, mudou-se para Roma na condição de serva humilde.

E, finalmente, no ano 68, época de grandes perseguições ao Cristianismo, ela foi martirizada no circo ao lado de seu filho. Antes do martírio, pensando em atender ao pedido de renúncia à crença cristã, proferido pelo executor das ordens imperiais, o rapaz, seminu e açoitado, exclamou entre lágrimas:

"– Repudia a Jesus, minha mãe!... Não vês que nós perdemos?! Abjura! ...por mim, que sou teu filho! ...

Joana ouve aqueles gritos, recordando a existência inteira. (...) recordou que Maria também fora mãe e, vendo o seu Jesus crucificado no madeiro da infâmia, soubera conformar-se com os desígnios divinos. (...) pareceu-lhe ouvir ainda o Mestre a lhe dizer: '– Vai filha! Sê fiel!' Então, possuída de força sobre-humana, a viúva de Cusa exclamou firmemente:

– Cala-te, meu filho! Jesus era puro e não desdenhou o sacrifício. Saibamos sofrer na hora dolorosa, porque, acima de todas as felicidades transitórias do mundo, é preciso ser fiel a Deus!

A esse tempo, com os aplausos delirantes do povo, os verdugos lhe incendiavam, em derredor, achas de lenha embebidas em resina inflamável. Em poucos instantes, as labaredas lamberam-lhe o corpo envelhecido."

E no instante supremo, ao desencarnar, ela "sentiu que a mão consoladora do Mestre lhe tocava suavemente os ombros, e lhe escutou a voz carinhosa e inesquecível:

– Joana, tem bom ânimo!... Eu aqui estou!..."

* * *

No século XIII, na época de Francisco de Assis, Joanna de Ângelis teve uma existência física, talvez atuante numa das Ordens fundadas por Clara de Assis.

* * *

Outra profícua reencarnação dessa missionária verificou-se no século XVIII, quando nasceu numa pequena cidade do México, em 1651, com o nome de Juana de Asbaje y Ramirez de Santillana.

Foi uma menina-prodígio, começando a fazer versos aos cinco anos. Aos 12 anos, residindo na Capital, aprendeu latim, português e uma língua indígena.

Aos 16 anos, "numa busca incessante de união com o divino", ingressou no Convento das Carmelitas Descalças. Posteriormente, transferiu-se para a Ordem de São Jerônimo da Conceição, podendo dedicar-se às letras e à ciência. Foi quando tomou o nome de Sóror Juana Inés de la Cruz.

"Na sua confortável cela, cercada por inúmeros livros, globos terrestres, instrumentos musicais e científicos, Juana estudava, escrevia seus poemas, ensaios, dramas, peças religiosas, cantos de Natal e música sacra. Era freqüentemente visitada por intelectuais europeus e do Novo Mundo, intercambiando conhecimentos e experiências."

Em 1690, ela "renunciou às atividades seculares, vendeu os quatro mil volumes da sua biblioteca, seus instrumentos musicais e científicos, ficando apenas com os livros de devoção. Confessou-se e assinou com o próprio sangue dois protestos de fé e apelos de clemência ao tribunal divino e entregou-se à mortificação ascética."

Desencarnou em 1695, com apenas 44 anos de idade, durante uma epidemia de peste, após socorrer diuturnamente suas irmãs religiosas que, juntamente com a maioria da população, estavam enfermas.

(Fonte: *A Veneranda Joanna de Ângelis,* Celeste Santos e Divaldo P. Franco, LEAL, cap. 3, 5 e 6)

Joana Angélica de Jesus – mártir da Independência do Brasil

Filha de uma abastada família, Joana Angélica nasceu em Salvador, BA, a 11 de dezembro de 1761.

Com 21 anos de idade, entrou no Convento franciscano Nossa Senhora da Lapa, da Capital baiana, com o nome de Sóror Joana Angélica de Jesus. Exerceu diversas funções na comunidade, sendo eleita Abadessa em 1815.

Em 1821, a ofensiva recolonizadora começou a crescer, pois as cortes de Lisboa tomaram várias providências; dentre elas, enviou tropas para Pernambuco, Bahia e Rio de Janeiro. Mas, a partir do dia do Fico, 9 de janeiro de 1822, quando o príncipe regente D. Pedro declarou que permaneceria no Brasil, precipitou-se o rompimento político com a metrópole.

Em Salvador, a 20 de fevereiro de 1822, em conseqüência das lutas entre as tropas portuguesas do Brigadeiro Madeira e as brasileiras, comandadas pelo Brigadeiro Guimarães, o Convento da Lapa foi invadido pela soldadesca portuguesa.

"Derrubada a porta a machadadas, ingressou o grupo desordeiro, encaminhando-se à clausura, a que as freiras apavoradas, se haviam recolhido. E eis que surge a Madre Abadessa, Sóror Joana Angélica de Jesus, barrando os invasores. A soldadesca estacou. E a religiosa, transfigurada, disse-lhes:

– Para trás, bandidos! Respeitai a casa de Deus. Antes de conseguir os vossos infames desígnios, passareis sobre o meu cadáver.

– Mata, mata e avança – foi a resposta dos soldados, que de fato avançaram sobre a Madre Abadessa para abatê-la brutalmente com um golpe de baioneta no peito.

(...) Ela expirou, na sua cela, duas horas depois."

(General Umberto Peregrino, do Instituto Histórico e Geográfico Brasileiro, *História da Independência do Brasil,* A Casa do Livro Ltda., Rio, RJ, 1972, Vol. III, p. 91 e 92)

Para desfazer algumas dúvidas sobre esse ato heróico, não bem esclarecido pela literatura consultada, recorremos ao caro Divaldo, que, assim, nos respondeu:

"Ela própria confidenciou-me que, enquanto impedia a entrada da soldadesca, as demais religiosas e noviças escaparam, indo refugiar-se no Convento do Desterro (e não da Soledade), que fica no mesmo bairro de Nazaré, aqui, em Salvador. Os soldados, quando entraram no Convento e na igreja, destruíram o que puderam, furtando objetos de culto, alfaias de prata e ouro, mas não puderam danificar moralmente as religiosas." (Carta de 06/07/2004)

No Plano Espiritual, Joanna de Ângelis a serviço do Consolador

Algum tempo após o seu regresso à Espiritualidade, ocorrido a 20/02/1822, Joanna de Ângelis foi convidada a integrar-se na falange do Espírito da Verdade para o trabalho de implantação da Doutrina Espírita, o Consolador prometido por Jesus (*João,* 14:16, 17 e 26), conforme, ela mesma nos informou:

"Quando se preparavam os dias da Codificação Espírita, quando se convocavam trabalhadores dispostos à luta, quando se anunciavam as horas preditas, quando se arregimentavam seareiros para a Terra, escutamos o convite celeste e nos apressamos a oferecer nossas parcas forças, quanto nós mesmos, a fim de servir, na ínfima condição de sulcadores do solo onde deveriam cair as sementes de luz do Evangelho do Reino." (Joanna de Ângelis, Divaldo P. Franco, *Após a Tempestade,* LEAL, cap. 24)

Assim, já em 1862, sob o pseudônimo de Um Espírito Amigo, ela escreveu as mensagens "A Paciência" e "Dar-se-á àquele que tem", recebidas nas cidades francesas de Havre e Bordéus, que foram incorporadas por Allan Kardec na sua obra *O Evangelho Segundo o Espiritismo,* cap. IX e XVIII.

No nosso país, suas atividades têm sido das mais meritórias, abrangendo os setores assistencial e doutrinário.

É de sua autoria o projeto da conceituada e modelar instituição filantrópica espírita "Mansão do Caminho", cuja legenda se inspirou na "Casa do Caminho" dos cristãos pioneiros. Esta obra, fundada em 1952, na cidade de Salvador, com a abençoada tarefa de assistir aos necessitados, permanece sob a supervisão dessa Benfeitora Espiritual.

Na divulgação do Espiritismo, Joanna tem sido muito atuante. Participa do grupo de Entidades que inspira Divaldo na sua tarefa da oratória e, pelo mesmo médium, a partir de 1964, escreveu 46 obras, 31 das quais traduzidas para oito idiomas.

Em sua rica obra literária, destaca-se a *Série Psicológica,* constituída de 12 livros (de *Jesus e Atualidade* a *Triunfo Pessoal*), encerrada em 2002, que constitui uma valiosa ponte entre a Doutrina Espírita – o Cristianismo Redivivo e as contribuições científicas, especialmente as Psicologias Humanista, Transpessoal, Transacional e Criativa.

Encerrando estas sintéticas notas biográficas, queremos registrar alguns tópicos da bela e significativa página "O Retorno do Apóstolo Chico Xavier", de Joanna de Ângelis, com as primeiras notícias recebidas do Além a respeito do querido médium Francisco Cândido Xavier (2/4/1910 – 30/6/2002), após o seu regresso ao Mundo Maior:

"O Retorno do Apóstolo Chico Xavier

(...) Lentamente, pelo exemplo, pela probidade e pelo esforço de herói cristão, sensibilizou o povo e os seus líderes, que passaram a amá-lo, tornou-se parâmetro do comportamento, transformando-se em pessoa de referência para as informações seguras sobre o Mundo Espiritual e os fenômenos da mediunidade.

(...) Tornou-se a maior antena parapsíquica do seu tempo, conseguindo viajar fora do corpo, quando parcialmente desdobrado pelo sono natural, assim como penetrar em mentes e corações para melhor ajudá-los, tanto quanto tornando-se maleável aos Espíritos que o utilizaram por quase setenta e cinco anos de devotamento e de renúncia na mediunidade luminosa.

Por isso mesmo, o seu foi mediunato incomparável.

... E ao desencarnar, suave e docemente, permitindo que o corpo se aquietasse, ascendeu nos rumos do Infinito, sendo recebido por Jesus, que o acolheu com a Sua bondade, asseverando-lhe:

– Descansa, por um pouco, meu filho, a fim de esqueceres as tristezas da Terra e desfrutares das inefáveis alegrias do reino dos Céus.

Joanna de Ângelis"

(Página psicografada pelo médium Divaldo P. Franco, no dia 2 de julho de 2002, no Centro Espírita Caminho da Redenção, em Salvador, Bahia./ Reformador, Brasília, DF, n° 2.080-A, julho/2002)

Aurora Parpal, uma pintora de muita sensibilidade

Esclareceu-nos Divaldo, em atenciosa carta de 13/6/2004, que a artista, "muito nossa amiga, hoje idosa, reside em Hialiah (Flórida). É cubana de nascimento, que emigrou para os Estados Unidos e tornou-se uma pintora de renome. O original encontra-se na Mansão do Caminho e a tela foi pintada em 1981, medindo 76 cm x 62 cm."

Nesta mesma carta, contou-nos sobre a sensibilidade mediúnica da Sra. Aurora Parpal, que transcrevemos no início deste Capítulo.

E, respondendo sobre o nosso desejo de reproduzir a tela neste livro, ele afirmou: "Esteja inteiramente à vontade para reproduzir a tela que retrata nossa benfeitora Joanna de Ângelis, porquanto os direitos autorais pertencem-nos desde quando foi pintada, por cessão espontânea da artista."

42 - FRANCISCO CÂNDIDO XAVIER

FRANCISCO CÂNDIDO XAVIER, de João Pio de Almeida Prado (óleo sobre tela, 80 cm x 100 cm – 1983)

Para melhor entender certos detalhes artísticos desta expressiva tela, realizamos a seguinte entrevista com o renomado pintor, retratista e escultor Almeida Prado, residente em Jaú, SP, em fins de 2003:

– Como foi feita a tela? Chico posou?

– Ele não posou. Baseei-me numa foto e, em meditação, captei como armar a tela.

– Analisando o quadro, observa-se que o médium está envolto por uma formação violácea...

– Sou extremamente sensível, e, em torno dele, desenhei a sua aura energética. Como se fosse a aura espiritual dele em tons de violeta. Violeta caminhando para rosa intenso... Rosa e violeta representam Amor, Amor incondicional, assim como amarelo e laranja indicam Sabedoria. Procura-se ver nas pessoas uma cor da evolução...

– E o foco de luz que aparece na parte inferior do quadro?

– O foco de luz no tórax de Chico representa o seu chacra cardíaco, o local do coração espiritual segundo os textos esotéricos.

– Você teve oportunidade de conhecê-lo pessoalmente?

– Sim, conhecê-lo foi um grande presente que recebi. Em 1982, integrei um grupo de pessoas que foi levado a Uberaba por uma grande amiga do médium, D. Zélia Salvetti, já falecida, então residente em São Paulo, para participar dos trabalhos de Chico Xavier.

Para mim, ele é um ser de luz, de grande elevação, portador de um amor crístico. Chico irradiava uma força que poderia ser captada pelas pessoas que se acercavam dele. Tenho uma admiração toda especial por ele. Quando lá estive, foram 12 horas junto dele. Chico conversava sobre tudo, temas os mais diversos, ciências, todas as religiões... Nunca vi outra pessoa como ele no mundo.

– Você é espiritualista?

– Sim. Espiritualista e universalista. Sou livre-pensador.

– E qual foi o destino da tela?

– Eu doei a tela ao Chico, através de D. Zélia.

✳ ✳ ✳

O destino da tela, que registra com fidelidade sua elevação espiritual, é mais uma lição de humildade do nosso estimado Chico. Como sempre, grato às homenagens recebidas, mas transferindo-as à Doutrina Espírita, colocando-se na posição de pequeno servidor de Jesus.

Assim, ele transferiu o belo presente do pintor à portadora do mesmo, D. Zélia Salvetti, que hoje, mais uma vez, ilustra uma obra doutrinária.

Isto é, quando do lançamento do livro *Chico Xavier – Mediunidade e Coração,* de C. A. Baccelli, em 1985, D. Zélia autorizou o Instituto Divulgação Editora André Luiz, de São Paulo, a ilustrar sua capa com a referida tela. E agora, novamente, aqui estamos reproduzindo-a com a autorização do IDEAL.

Auras e Chacras

A aura é geralmente definida como a emanação fluídica ou eletromagnética que circunda o ser humano, encarnado ou desencarnado.

É conhecida, desde a Antiguidade, graças aos médiuns videntes. As pesquisas científicas com o objetivo de detectá-la e analisá-la receberam um novo alento com a descoberta da câmara Kirlian, em meados do século passado.

Abordando o tema "Aura humana", assim o Espírito André Luiz esclarece-nos:

" (...) Todos os seres vivos, dos mais rudimentares aos mais complexos, se revestem de um 'halo energético' que lhes corresponde à natureza.

No homem, contudo, semelhante projeção surge profundamente enriquecida e modificada pelos fatores do pensamento contínuo que, em se ajustando às emanações do campo celular, lhe modelam, em derredor da personalidade, o corpo vital ou duplo etéreo de algumas escolas espiritualistas, duplicata mais ou menos radiante da criatura. (...)

Fotosfera psíquica, entretecida em elementos dinâmicos, atende à cromática variada, segundo a onda mental que emitimos, retratando-nos todos os pensamentos em cores e imagens que nos respondem aos objetivos e escolhas, enobrecedores ou deprimentes." (*Evolução em Dois Mundos,* Francisco C. Xavier, W. Vieira, FEB, 1ª Parte, Cap. XVII)

Em 1978, na cidade de Uberaba, MG, Chico Xavier submeteu-se a uma pesquisa de sua mediunidade pela NASA (Administração Nacional de Aeronáutica e Espaço dos Estados Unidos), realizada pelo engenheiro eletrônico Paul Hild, que se utilizou de modernos aparelhos, durante seis dias.

Este pesquisador, naquela época, declarou à imprensa brasileira que "a aura espiritual de Francisco Cândido Xavier é sentida num raio de 10 metros", o que considerou extraordinário, pois "outros médiuns pesquisados mostraram uma aura de um raio máximo de dois centímetros". (*Anuário Espírita 1979,* p. 145 e *Chico Xavier – Mediunidade e Ação,* Carlos A. Baccelli, IDEAL, p. 99)

Em certa época, na cidade de São Paulo, SP, Chico Xavier também submeteu-se a uma pesquisa, quando foi fotografado por uma câmara Kirlian nos seguintes momentos: soprando uma folha, escrevendo, beijando pessoa querida, emitindo um sopro de cura e beijando um quadro com a figura de Jesus. (Fotos a cores reproduzidas na obra *Chico Xavier – Mediunidade e Luz,* Carlos A. Baccelli, IDEAL, 1989, p. 122 e 123)

※ ※ ※

Os chacras (ou chakras), assim como a aura, são conhecidos desde a Antiguidade, especialmente pelos chineses e hindus, também graças aos sensitivos dotados de vidência e de elevada inspiração.

Referem-se a sete focos de energia ou centros vitais (ou de força), localizados no perispírito ou corpo espiritual, que são de fundamental importância também para o equilíbrio fisiológico do corpo físico.

Segundo C. W. Leadbeater "os chakras brilham mortiçamente no homem vulgar, mas que, ao se excitarem vividamente, aumentam de tamanho e se vêem como refulgentes e coruscantes torvelinhos à maneira de diminutos sóis. (...) No homem bastante evoluído refulgem e palpitam com vívida luz, de maneira que por eles passa uma quantidade muitíssimo maior de energia, e o indivíduo obtém como resultado o acréscimo de suas potências e faculdades." (*Os Chakras,* Ed. Pensamento, S. Paulo, SP, Cap. I.)

Na obra de André Luiz, Espírito, *Entre a Terra e o Céu* (Francisco C. Xavier, FEB, Cap. XX), encontramos a seguinte elucidação do mentor Clarêncio sobre as funções dos chacras:

"– Como não desconhecem, o nosso corpo de matéria rarefeita está intimamente regido por sete centros de força (...) vibrando em sintonia uns com os outros, ao influxo do poder diretriz da mente (...). (...) no "centro coronário" se assenta a ligação com a mente, fulgurante sede da consciência. (...) Logo após, anotamos o "centro cerebral", contíguo ao "centro coronário", que ordena as percepções de variada espécie (...) que dizem respeito à Palavra, à Cultura, à Arte, ao Saber. (...) Em seguida, temos o "centro laríngeo", que preside aos fenômenos vocais, inclusive às atividades do timo, da tireóide e das paratireóides. Logo após, identificamos o "centro cardíaco", que sustenta os serviços da emoção e do equilíbrio geral. (...) o "centro esplênico" que, no corpo denso, está sediado no baço, regulando a distribuição e a circulação adequada dos recursos vitais (...). Continuando, identificamos o "centro gástrico", que se responsabiliza pela penetração de alimentos e fluidos em nossa organização e, por fim, temos o "centro genésico", em que se localiza o santuário do sexo, como templo modelador de formas e estímulos."

As três faces de Chico Xavier

Páginas atrás, vimos a grande admiração do pintor Almeida Prado à personalidade de Francisco Cândido Xavier (Pedro Leopoldo, MG, 02/4/1910 – Uberaba, MG, 30/6/2002), após convivência de algumas horas, concluindo que ele é portador de um amor crístico, e retratando, posteriormente, seu chacra cardíaco com intensa luminosidade.

De fato, é a voz geral dos que se aproximaram dele, pois receberam, invariavelmente, de alguma forma, uma dose de afeto que os nutriram, como se tivessem ingerido a *água viva* referida por Jesus... A recepção fraterna, a disposição de ouvir queixas com paciência e atenção, a alegria de servir, a palavra de consolo e de orientação...

Esta sempre foi a sua face da bondade, da elevada compreensão, da caridade legítima, enfim a **Face do Amor**.

E não podemos esquecer de seu amor ao Cristo, refletindo fortemente em seu afeto à Doutrina Espírita – o Cristianismo Redivivo –, desde os primeiros dias de sua missão, revelando-se inquebrantável, apesar de todas as dificuldades de sua trajetória terrena.

Da primeira face, invariavelmente, irradiava-se um expressivo bom humor, sempre emoldurado por serena alegria. Esse é um belo traço de sua personalidade que destacaremos por ser pouco comentado e desconhecido daqueles que não tiveram a oportunidade de ter contatos com ele.

Selecionamos para o nosso estudo, alguns trechos da longa reportagem de Hamilton Ribeiro (Revista *Realidade,* Ed. Abril, S. Paulo, SP, novembro/1971), intitulada "Os Dois Mundos de Chico", que registrou fielmente o dia-a-dia do médium:

"Na cabeceira da mesa, a figura tranqüila, sorridente, mansa, de Francisco Cândido Xavier (...) Sorri muito e faz com que todos sorriam (...) Chico sabe contar seus casos, é amável para ouvir, e sobretudo diz suas coisas com bastante humor. Ri muito quando alguém comenta que, se Millôr Fernandes fosse defini-lo, diria assim: – Chico Xavier: eis um homem com presença de espírito! (...) Caso sobre caso, risada sobre risada, (...) Chico não deixa passar um caso desses sem um salzinho de humor. (...).Chico é dessas pessoas das quais a gente se aproxima e não quer se afastar mais. Espalha calor humano."

A **Segunda Face** é da **Mediunidade**.

Nessa sublime atividade, Chico apresentou todas as virtudes de um médium padrão, tais como: grande sensibilidade mediúnica, elevadas qualidades morais, equilíbrio emocional, cultura geral e doutrinária adquirida ao longo dos anos, perseverança e disciplina (75 anos ininterruptos), humildade e prática rigorosa da recomendação evangélica: "Dai gratuitamente o que gratuitamente recebestes." (doando integralmente os direitos autorais de todos os seus 412 livros mediúnicos.)

Essa faculdade manifestou-se sob várias formas: psicografia, clariaudiência, clarividência, psicofonia, xenoglossia, especular, de efeitos físicos (transporte e materialização), de cura e desdobramento.

A *psicografia* é a sua mediunidade mais conhecida, pois através dela escreveu a maioria das obras e tornou-se um notável médium receitista, quase exclusivamente de produtos homeopáticos, a partir de 1927, isto é, já no primeiro ano de sua missão mediúnica. (*AE 1988,* p. 131).

A *clariaudiência* teve também uma expressiva participação na elaboração dos livros. Dentre aqueles que apresentam em seus frontispícios a indicação de que foram ditados, citaremos alguns exemplos: de André Luiz, nove dos treze livros romanceados da Série "Nosso Lar"; de Emmanuel, *A Caminho da Luz, Roteiro* e *Leis do Amor;* de Irmão X, *Cartas e Crônicas* e *Estante da Vida.*

Nos últimos anos de sua existência, já com dificuldade de escrever, Chico recebia curtas mensagens ou trovas somente pela mediunidade auditiva. Nesse período, para facilitar a escrita, da mensagem ouvida, não retirava os óculos, como habitualmente fazia quando psicografava.

A reportagem do *SBT Repórter,* Canal SBT, de São Paulo, SP, gravou a reunião pública do Grupo Espírita da Prece, de 29 de setembro de 2001, em Uberaba, MG, na qual ele recebeu a última mensagem escrita, através da clariaudiência. (*Anuário Espírita* 2003, p. 50) Mas, a partir desta data, até a desencarnação, ele permaneceu lúcido e, portanto, com a possibilidade de exercer os dons da auditiva e da vidência. Assim, podemos dizer que a sua mediunidade, iniciada em 08 de julho de 1927, faltando apenas uma semana..., completou 75 anos de atividade ininterrupta.

Outra mediunidade importante de Chico foi a da *clarividência,* especialmente útil em seu relacionamento publico. Por exemplo, nas reuniões, para identificar Benfeitores ou Espíritos familiares das pessoas que o procuravam, que, muitas vezes, transmitiam-lhes recados.

Certa vez, ele explicou que, em muitas ocasiões, as Entidades, para serem identificadas por ele, apresentavam seus nomes escritos num crachá. Ou olhando as pessoas (encarnadas), lia seus nomes escritos em outra dimensão, graças ao carinho dos Protetores, que assim apresentavam seus assistidos ao médium. (*Lindos Casos de Chico Xavier*, Ramiro Gama, LAKE, cap. 59)

Em 03 de outubro de 1974, quando recebeu o título de Cidadão Emérito da cidade de Santos, SP, Chico leu, pela vidência, ao final de seu discurso de agradecimento, uma legenda (poética) apresentada pelo próprio autor, o célebre poeta Vicente de Carvalho, Espírito. E, em 24 de outubro de 1974, um fato semelhante ocorreu ao receber o título de Cidadão Itapirense, em Itapira, SP: leu, pela vidência, ao final de seu discurso, uma longa poesia histórica do poeta Cornélio Pires, Espírito. (*Anuário Espírita 1976*, p. 124)

Quanto à *psicofonia*, habitualmente, era utilizada pelos Espíritos nos trabalhos semanais de desobsessão. Na década de 50, muitas mensagens psicofônicas foram gravadas e deram origem a três livros: *Falando à Terra*, *Instruções Psicofônicas* e *Vozes do Grande Além*, Ed. FEB.

Exemplos de *xenoglossia* (comunicação em idioma desconhecido do médium) e de *escrita especular ou invertida* (que só permite a leitura com o auxílio de um espelho ou contra a luz) podem ser encontrados na obra *Notáveis Reportagens com Chico Xavier* (IDE, cap. 13, 20 e 29)

Fenômenos de *efeitos físicos* (transporte e materialização) são descritos nos livros *Chico Xavier – 40 Anos no Mundo da Mediunidade*, Roque Jacinto, Edicel, 1967, IV Parte, *Chico Xavier, Mediunidade e Ação*, Carlos A. Baccelli, IDEAL, p. 32 e *Chico Xavier, Mandato de Amor*, UEM, Cap. I.

As *faculdades curativas* de Chico sempre foram utilizadas nas tarefas habituais de aplicação de passes magnéticos, à luz da oração.

E a sua mediunidade de *desdobramento*, pouco citada, também foi muito importante para o desempenho de sua missão.

Segundo seus relatos, geralmente feitos em grupos pequenos de confrades, esse fenômeno ocorria, com o seu Espírito desligado parcialmente do corpo material, durante o sono natural. Como sempre, humilde, apresentava casos com sobriedade e de interesse geral, às vezes longamente vivenciados no Além, revelando rara conscientização dos fatos.

Nesses episódios, naturalmente amparado pelos Benfeitores, prestava auxílios diversos e recebia proveitosos ensinamentos. Certa vez, até submeteu-se a uma experiência científica, ao ingerir um líquido, que lhe ofereceram no Plano Espiritual, contendo droga alucinógena semelhante ao ácido lisérgico (LSD) do Plano Físico. (*Entrevistas,* Francisco C. Xavier/Emmanuel, IDE, q. 26)

Certamente, com os conhecimentos adquiridos em desdobramento, ao longo de décadas, sua cultura geral e doutrinária foi amplamente enriquecida, dando-lhe muita segurança em seu apostolado. Por exemplo, Chico narrou em entrevista que "Quando estávamos recebendo, mediunicamente, o primeiro livro de André Luiz, impressionamo-nos vivamente com respeito ao assunto, porque a nossa perplexidade era indisfarçável e sendo o nosso assombro um motivo para perturbar a recepção do livro, o nosso André Luiz promoveu, em determinada noite, a nossa ausência do corpo físico para observar alguns aspectos, os aspectos mais exteriores, da chamada cidade "Nosso Lar". Mundo novo que somos chamados a perceber, a estudar, porque se relaciona com o futuro de cada um de nós. Ainda que não sejamos acolhidos na referida colônia, outros lares nos esperam após a desencarnação. Isto é muito importante." (*A Terra e o Semeador,* Francisco C. Xavier/Emmanuel, IDE, q. 138)

A **Terceira Face** é a menos conhecida e reconhecida, e portanto, menos comentada, confundindo-a com a manifestação mediúnica, isto é, considerando a sua **intelectualidade** quase exclusivamente como manifestação dos Espíritos.

É oportuno lembrar que, na época do lançamento de seu primeiro livro, *Parnaso de Além-Túmulo,* em 1932, de autoria de 56 consagrados poetas luso-brasileiros, naturalmente, no estilo dos mesmos, quando encarnados, que alcançou grande sucesso nos meios literários, houve a tentativa de explicar tal fenômeno com a suposição de que Chico Xavier fosse dotado de notáveis recursos de inteligência, memória e imaginação, que lhe permitiriam imitar o estilo dos referidos poetas.

Mas os fatos foram, com o tempo, afastando totalmente essa hipótese de pasticho.

Como o Chico, tendo feito apenas o Curso Primário, poderia assim agir nas condições em que vivia, num lar muito pobre, trabalhando 10 horas por dia, e não possuindo nenhum dos livros que os poetas deixaram na Terra?

Todos esses detalhes de sua vida foram plenamente confirmados pelo repórter Clementino de Alencar, de *O Globo*, Rio de Janeiro, em 1935, ao permanecer na terra natal do médium, durante dois meses, para manter uma seção diária, neste período, no referido jornal. (*Notáveis Reportagens com Chico Xavier,* IDE, 2002)

Além dos poetas, outros escritores desencarnados foram-se manifestando, destacando-se o célebre Humberto de Campos, constituindo a forte motivação da presença do repórter de *O Globo* em Pedro Leopoldo, MG.

Assim, a produção mediúnica foi-se desdobrando, surgindo livros de aspectos formais os mais diversos: romances [históricos e tipo "memórias" (André Luiz)], contos, apólogos, poesia, folclore, crônicas, epistolário, literatura infantil, história, ciência, filosofia, religião e outros. (Ver "A Literatura Espírita na Mediunidade de Chico Xavier", depoimento do Dr. Elias Barbosa, *Chico Xavier – 40 Anos no Mundo da Mediunidade*)

As cartas particulares, com características indiscutíveis dos comunicantes (com citações somente conhecidas da família), sempre foram psicografadas, em pequeno número, nas reuniões públicas, desde o início da mediunidade de Chico. Porém, a partir de 1974, o recebimento dessas cartas passou a predominar nas reuniões públicas, dando origem a dezenas de livros.

Portanto, cada vez mais, evidenciou-se a impossibilidade de um cérebro, por mais dotado que fosse, ser capaz de produzir tanto, de forma tão diversificada, com características tão pessoais dos Autores Espirituais. E as hipóteses de imitação de estilo literário, poder intelectual ou subconsciente superdotado foram sendo superadas e esquecidas...

No entanto, a sua terceira face sempre existiu porque ela reflete também o patrimônio cultural que Chico trouxe de seu passado espiritual, que refletiu, por exemplo, em sua forte "vocação para as letras", conforme suas "Palavras minhas" na introdução do *Parnaso de Além-Túmulo,* redigidas em 1931: "Começarei por dizer-lhe que sempre tive o mais pronunciado pendor para a literatura; constantemente, a melhor boa vontade animou-me para o estudo. Mas, estudar como?" Pois, na época em que freqüentava o único curso que fez, o primário, ele trabalhava numa fábrica de tecidos, das quinze horas às duas da manhã...

Evidentemente, com o tempo, a sua inteligência desenvolveu-se com a aquisição de novos conhecimentos, o que também favoreceu a missão mediúnica.

Nos contatos que tivemos com ele, durante décadas, a serviço da Editora IDE, sempre observamos, surpresos, lembrando de sua escolaridade primária, que Chico era portador de uma inteligência brilhante, com observações penetrantes, memória privilegiada, juízo crítico elevado, rapidez de raciocínio e grande capacidade de dizer muito com poucas palavras. O importante é que essas qualidades mentais eram permanentes, em qualquer ambiente, mesmo em conversas triviais, e, em vista disso, podemos deduzir que, em nossos contatos, ele não estava permanentemente sob a influência de seu Guia Espiritual ou de outra Entidade.

Conseqüentemente, não nos surpreendemos com o seguinte depoimento divulgado recentemente, no livro *Notáveis Reportagens com Chico Xavier,* colhido pelo repórter de *O Globo,* em 1935, com o médico Dr. Christiano Ottoni, que residia em Pedro Leopoldo:

"– Conheço esse rapaz desde menino. O que se diz dele, quanto à instrução, é verdade; fez apenas os quatro primeiros anos do Grupo Escolar de Pedro Leopoldo. Depois disso, tem vivido sempre aqui, entre nós, entregue ao trabalho diário e, portanto, sem possibilidade de conquistar uma cultura bastante apreciável como a revelada em muitas das mensagens que ele grafa."

"Relembra a seguir o Dr. Ottoni – registra o repórter – ter sido um dos examinadores dos 3º e 4º anos do Grupo Escolar, ao tempo em que ali Chico Xavier estudava. Teve assim ocasião de examinar o rapaz e conhecer um pouco de suas possibilidades intelectuais, que afirma serem grandes; a inteligência muito lúcida, superior à normal, excelente memória, grande poder de assimilação e presença de espírito. Apenas a instrução ficou em nível baixo, em relação àquelas faculdades." (p. 87)

É oportuno lembrarmos que Chico, apesar do ambiente humilde em que nasceu e sem oportunidade de adquirir uma cultura acadêmica, sempre demonstrou muita boa vontade e entusiasmo em aprender sempre, conforme seus depoimentos em várias entrevistas. Assim, ouçamos seus esclarecimentos:

"– Em trinta e seis anos *(desde 1931)* de convívio estreito, quase diário, ele *(Emmanuel)* me traçou programas e horários de estudo, nos quais a princípio incluiu até datilografia e gramática, procurando desenvolver os meus singelos conhecimentos de curso primário, em Pedro Leopoldo, o único que fiz até agora, no terreno da instrução oficial.

– Penso que não *(sou autodidata),* porque diariamente recebo lições de Emmanuel e, às vezes, de outros Espíritos Amigos. Em trinta e seis anos de escola disciplinada com eles, creio que eu deveria mostrar o proveito, de que me vejo muito longe.

– Emmanuel me deixa livre para escolher os livros que eu deseje *(em seu estudo doutrinário com vistas ao desenvolvimento mediúnico)* e dedica muito apreço a todas as obras que analisam seriamente a mediunidade, mas, desde 1931, me aconselha a estudar constantemente o *Novo Testamento* e a Codificação de Allan Kardec. Desde esse tempo, não passei um dia sequer sem ler algum trecho ou página dos Evangelhos e dos livros de Allan Kardec, principalmente *O Evangelho Segundo o Espiritismo* e *O Livro dos Espíritos,* pelo menos quinze a vinte minutos diariamente." (*No Mundo de Chico Xavier,* Elias Barbosa, IDE, cap. 5)

Em 1975, o escritor espírita Mário B. Tamassia, ao encontrar o médium na Livraria Espírita Boa Nova, de São Paulo, folheando vários livros e comprando alguns, revelou-lhe surpreso ao deduzir que ele encontrava tempo para ler apesar dos múltiplos compromissos doutrinários, obtendo de Chico a seguinte elucidação:

"–Sabe, Tamassia... Tenho atração por livros. Leio os que posso e os que me permite a vista, o tempo escasso e meu grau medíocre de cultura. Mas, dentro das minhas limitações, me esforço ao máximo, porque, além de tudo, eu não sou médium privilegiado e a ordem dos nossos orientadores espirituais é de que estudemos sempre..." (*Chico Xavier, Mediunidade e Paz,* Carlos A. Baccelli, Ed. Didier, cap. 4)

É fácil deduzir que Chico preparou-se culturalmente, ao longo das décadas, para que pudesse dar também a sua colaboração pessoal, lado a lado com a mediunidade, nos diálogos com o imenso público que sempre o procurou, em todos os locais, em busca de esclarecimento e consolo.

Certa vez, abordando determinado tema, com um grupo de confrades, ele chegou a afirmar: "Reservo para mim o direito de pensar como penso. (...) A minha opinião é a minha opinião; nem sempre Emmanuel está falando pela minha boca..." (*O Evangelho de Chico Xavier*, Carlos A. Bacelli, Ed. Didier, 2000, questão 207)

A *correspondência particular* foi também uma atividade importante de Chico, sempre beneficiando os irmãos de ideal com a sua palavra fraterna e sábia.

O escritor R. A. Ranieri, que teve contatos freqüentes com ele, quando residia em Belo Horizonte, MG, e posteriormente, mativeram, por muitos anos, uma correspondência, dedicou dois capítulos de seu livro *Recordações de Chico Xavier* (Edifrater, Guaratinguetá, SP, 1ª ed., 1974) ao tema "As Cartas", assim caracterizando-as: "As cartas de Chico Xavier serão estudadas no futuro. Possuem elas beleza e sabedoria. Estão impregnadas de espiritualidade, poesia suave e consolação. Numas, ensina com naturalidade, sem pretensões mas de maneira profunda; noutras, conforta os corações em sofrimentos. Não escreve por escrever. Constituem outras tantas mensagens de amor enviadas às almas em prova."

Confirmando a previsão de Ranieri, já em 1986, a Federação Espírita Brasileira lançou a preciosa obra *Testemunhos de Chico Xavier*, de 417 páginas, com comentários de Suely C. Schubert, contendo tópicos selecionados de parte das cartas do médium enviadas ao Presidente da FEB, Wantuil de Freitas, no período de 1943 a 1964; e, recentemente, foram editados os livros: *Sal da Terra* (Scortecci Editora, S. Paulo, SP, 2005), obra póstuma de Clóvis Tavares, amigo e biógrafo de Chico Xavier, com a Parte II: Correspondência Particular com Chico Xavier; e *Cartas de Chico Xavier* (LEEPP, 2006), de Márcia Q. S. Baccelli, contendo farta correspondência particular de Chico com o casal amigo Carlos e Márcia Baccelli.

E, certamente, no futuro, outras publicações semelhantes aparecerão.

Frente à realidade dessa **Terceira Face** de Chico Xavier, que reflete uma "inteligência muito lúcida, superior à normal", juntamente com determinada bagagem cultural de seu passado espiritual, aliadas aos conhecimentos hauridos no transcorrer da última vida física, que lhe permitiram alcançar uma expressiva **Sabedoria,** ficamos a meditar: na escolha de uma personalidade para a missão de intermediar um grande avanço à Terceira Revelação, com material valiosíssimo de complementação da Codificação Kardequiana, não teria o Cristo escolhido alguém, já com grande intimidade com os fundamentos espíritas cristãos, isto é, não só preparado para a função de médium, mas com competência para colaborar, já na fonte, na análise do material recebido, para evitar possíveis falhas comprometedoras?

Pois sabemos que a inferioridade, ainda reinante em nossa planeta, apresenta grandes obstáculos ao exercício equilibrado e útil da mediunidade. E a responsabilidade do Chico sempre foi imensa, ao longo de 75 anos, porque não só psicografava livros, mas atendia, freqüentemente, confrades de todo o país e, às vezes do exterior, que o procuravam em busca de orientação para as suas atividades. E as respostas eram dadas de pronto ou, em menor freqüência, oportunamente, em textos psicografados.

Outro detalhe importante a observar é que ele era muito zeloso com todo o material vindo do Além, analisando atentamente os textos antes de entregá-los às Editoras. Tivemos a oportunidade de testemunhar essa determinação no trato dos livros doados ao IDE.

Podemos dar um exemplo. Na organização do livro de cartas particulares, *Eles Voltaram,* nas habituais "Notas e Identificações", de nossa responsabilidade, referentes à carta do jovem Felipe Meneghetti, no item 7 colocamos a página intitulada *A Marcha da Gratidão.*

Nesta nota, relatamos a existência da Marcha "Francisco Cândido Xavier" para Bandas de Música, composta pelo renomado compositor Tenente Barbosa de Britto, a pedido do Capitão Helder Meneghetti, pai de Felipinho.

Quando Chico nos devolveu os originais – com o título e prefácio de Emmanuel, portanto, pronto para a editoração – anexou aos mesmos uma carta datada de 13/6/1981, na qual, ao lado de palavras habituais de estímulo ao nosso trabalho, fez a seguinte solicitação, que foi plenamente atendida:

"De minha parte, rogo ao prezado amigo retirar o item 7, da mensagem de Felipinho. Perdoe-me, mas certos assuntos devem ser deixados para depois da desencarnação. O nosso caro Tenente Britto me comoveu até as lágrimas, no entanto, num livro tão espírita e cristão quanto este não deve conter notícias de homenagens pessoais ao médium."

Alguns anos depois, tivemos a oportunidade de divulgar essa matéria, inclusive com a reprodução da partitura, quando entrevistamos o compositor Barbosa de Britto para o *Anuário Espírita 1988*. (p. 165)

Certa vez, Chico comentou com um grupo de confrades, do qual participávamos, sobre a responsabilidade do médium com a obra psicografada e, portanto, não limitada somente aos autores espirituais e às Editoras. "O médium precisa também analisar cuidadosamente o texto antes de publicá-lo", afirmou ele.

Enfim, os fatos sugerem fortemente que o saudoso médium, ao reencarnar, trouxe na sua mente os fundamentos espíritas, envolvidos por elevados sentimentos de seu coração, responsáveis pela grande lucidez e dinamismo em suas atividades doutrinárias, desde os primórdios de seu apostolado, absolutamente fiel a Jesus e à Terceira Revelação.

Refletindo seus dons em vários campos da Arte

João Pio de Almeida Prado reside na cidade paulista de Jaú, onde nasceu em 1953.

Muito cedo, ele revelou seus pendores artísticos, não só como pintor e retratista, mas também exteriorizando uma apurada sensibilidade como escultor, restaurador, poeta, compositor e músico.

Desde os 14 anos de idade, vem apresentando expressivos trabalhos em exposições coletivas e individuais em várias cidades do nosso país. Também apresentou-se com recital de piano e exposição de pintura em algumas localidades, dentre as quais destacaremos: Teatro da Assembléia Legislativa de Porto Alegre, RS, Teatro do Memorial JK, de Brasília e em Los Angeles, EUA.

B – SELOS POSTAIS BRASILEIROS COM MOTIVOS ESPÍRITAS

43 – 1º CENTENÁRIO DA CODIFICAÇÃO DO ESPIRITISMO
– 1957 –

Foi o primeiro selo postal, com motivo espírita, emitido no Mundo, lançado a 18 de abril de 1957, comemorativo do 1º Centenário da Codificação do Espiritismo.

Desenhado por Bernardino da Silva Lancetta, um dos grandes valores artísticos de nossa Casa da Moeda, e com tiragem de 5 milhões de exemplares, apresentou os seguintes detalhes gráficos:

Formato retangular horizontal e cor marrom.

Dizeres: "Brasil Correio – Cr$ 2,50 – 1957 – 1º Centenário da Codificação do Espiritismo."

No 1º plano, à esquerda, o busto do Codificador, sob o qual o nome "Allan Kardec"; e à direita, em segundo plano, um livro aberto simbolizando *O Livro dos Espíritos,* lançado em Paris, a 18 de abril de 1857, encostado a um Globo, que diz da disseminação do Espiritismo por diversos países.

Essa emissão, bem como a dos demais selos com motivos espíritas, a seguir relacionados, de 1964, 1969 e 2004, devem-se à feliz iniciativa da Federação Espírita Brasileira que, em cada época, enviou, com sucesso, extensas e bem documentadas petições à Empresa Brasileira de Correios e Telégrafos.

44 – "O EVANGELHO" DA CODIFICAÇÃO ESPÍRITA –
– 1964 –

Selo postal emitido no dia 18 de abril de 1964, comemorativo do 1º Centenário de lançamento de *O Evangelho Segundo o Espiritismo*, de Allan Kardec, "o único da Codificação que já adquiriu abreviatura popular. Chamam-lhe os nossos confrades simplesmente – *O Evangelho*". (*Reformador*, abril/1964.)

Também desenhado por Bernardino da Silva Lancetta, com tiragem de 5 milhões de exemplares, apresenta as seguintes características gráficas:

Formato retangular vertical e cor verde.

Legendas: " 'O Evangelho' da Codificação Espírita – 1864-1964 – Correios do Brasil – 30,00" (valor de Cr$ 30,00) e a assinatura de Allan Kardec sob o seu busto.

45 – ALLAN KARDEC – CENTENÁRIO DE MORTE
– 1969 –

Emitido a 31 de março de 1969, em homenagem ao Centenário de Desencarnação do Codificador da Doutrina Espírita, com uma tiragem de dois milhões de exemplares, e com as seguintes características gráficas:

Formato retangular horizontal e cores: verde e sépia.

Dizeres: "Allan Kardec – Centenário de Morte – 1969 – Brasil Correio – 5 Cts."

Apresenta na metade esquerda a efígie do Mestre de Lião e, na metade direita, o monumento erigido no Cemitério de Père-Lachaise para homenagear Kardec. Desenho de Bernardino da Silva Lancetta.

Na petição ao Departamento dos Correios e Telégrafos, as sugestões da Federação Espírita Brasileira foram todas aceitas, com exceção da legenda CENTENÁRIO DE DESENCARNAÇAO que foi substituída por CENTENÁRIO DE MORTE, apesar dos seguintes argumentos apresentados: o vocábulo desencarnação já está dicionarizado por quase todos os idiomas principais do mundo; os mais respeitados dicionários e vocabulários, e as mais abalizadas enciclopédias brasileiras e lusitanas inscreveram em suas páginas o verbo *desencarnar* e seus derivados *desencarnação* e *desencarnado;* e, a seguir, a citação de mais de duas dezenas das mais importantes obras no referido gênero, que comprovam a asserção da FEB. (*Reformador,* fevereiro/1969.)

46 – CENTENÁRIO DA IMPRENSA ESPÍRITA NO BRASIL
– 1969 –

O segundo selo espírita de 1969 – o 4° no Brasil e em todo o Mundo –, comemorativo dos 100 anos da Imprensa Espírita em nossa Pátria, foi lançado em circulação a 26 de julho.

O motivo principal é constituído pela efígie do fundador da Imprensa Espírita no Brasil, Prof. Luís Olímpio Teles de Menezes, nascido na cidade de Salvador, a 26 de julho de 1825. Pois, em julho de 1869, surgiu, na capital baiana, *O Eco D'Além-Túmulo,* o primeiro periódico espírita em língua portuguesa, sob a sua direção.

O selo, no formato retangular vertical, impresso nas cores verde e alaranjado, e com taxa de 50 centavos, apresenta-se emoldurado pela inscrição: "1969 – Centenário da Imprensa Espírita no Brasil." Desenho também idealizado pelo ilustre artista B. S. Lancetta. Tiragem de 1 milhão de exemplares.

47 – ALLAN KARDEC
BICENTENÁRIO DE NASCIMENTO
– 2004 –

Selo postal emitido no dia 3 de outubro de 2004, comemorativo do Bicentenário de Nascimento de Allan Kardec. Elaborado pelo artista Tarcísio Ferreira, com tiragem de 800.010 unidades de 40x30 mm, apresenta as seguintes características gráficas:

Formato retangular horizontal e cores: verde e amarelo.

Legendas: "Bicentenário de Nascimento – Allan Kardec –1804-2004 – Brasil 2004 – R$ 1,60 – Assinatura de Allan Kardec – Trabalho, Solidariedade e Tolerância.

Apresenta, na metade direita, a logomarca internacional também de autoria de Tarcísio Ferreira, utilizada nas comemorações do Bicentenário. Esta focaliza um busto em cobre, localizado no túmulo de Kardec, em Paris, fotografado por Edson Audi para a capa de seu livro *Vida e Obra de Allan Kardec,* emoldurado por uma faixa amarelo-dourada contendo a legenda "Bicentenário de Nascimento". Na sua parte inferior, o artista acrescentou a simbólica cepa da videira de *O Livro dos Espíritos.*

Na metade esquerda, as cores verde e amarelo, tendo sobreposta a assinatura de Kardec, simbolizam o Brasil, onde a Doutrina encontrou um campo fértil para o seu desenvolvimento.

O lema "Trabalho, Solidariedade e Tolerância", inscrito na base do selo, foi um dos ideais que o Codificador divulgou e, principalmente, exemplificou.

APÊNDICE

IDENTIDADE ESPIRITUAL KARDEC/CHICO XAVIER – INDÍCIOS SIGNIFICATIVOS

Este tem sido um tema polêmico na seara espírita.

Desencadeado em 1991, com o lançamento da obra *Kardec Prossegue,* de Adelino Silveira (Ed. CEU, S. Paulo, SP), favorável à referida identidade espiritual, o assunto provocou a manifestação de opiniões contrárias, não só na imprensa, mas também em livros dedicados exclusivamente à questão.

Particularmente, não posso criticar as posições radicais de alguns confrades, pois também reagi, com surpresa e relutância, contrário à idéia da identidade, a mim apresentada, primeiramente, pela operosa confreira Maria Apparecida Garbatti (biografada no *Anuário Espírita 1994*), que residiu aqui em Araras, nos últimos anos de sua existência. Dialogamos, a respeito, pouco tempo antes do lançamento do livro de Adelino, citado acima.

Ambos, D. Cidinha e *Kardec Prossegue,* não me convenceram, mas quebraram a resistência inicial, transformando-a em dúvida, estimulando-me à pesquisa do tema. Desde então, passei a anotar observações e guardar tudo o que foi surgindo sobre ele.

Eis as anotações feitas ao longo dos últimos 14 anos:

1 – Pouco tempo após o lançamento de *Kardec Prossegue,* o companheiro Alipio González, fundador e diretor da instituição Mensaje Fraternal, de Caracas, Venezuela, perguntou, reservadamente, a Chico Xavier – quando estávamos, em grupo, sentados no pátio do fundo de sua residência, em Uberaba, numa noite quente, ouvindo o belo canto de Miguel Pereira (1941-2005), ao dedilhar o seu violão – a sua opinião sobre o livro referido, naturalmente pensativo sobre o conteúdo do mesmo, e ouviu a lacônica resposta: "Adelino é nosso amigo."

Esta frase é significativa, porque se Chico notasse na obra referida algo inconveniente à nossa Doutrina, com a qual sempre demonstrou muito amor e zelo, nunca faria uma referência tão elevada ao autor. E, também, tenho a convicção de que o Sr. Galves, presidente da Editora CEU, amigo íntimo de Chico, que o hospedou numerosas vezes em seu lar e editava somente livros de sua autoria mediúnica, nada publicaria sem consultá-lo.

2 – O mesmo respeito que Chico teve para com o livro *Kardec Prossegue,* ele também o externou diante da mensagem "A Volta de Allan Kardec", de Hilário Silva, psicografada por Antônio Baduy Filho (médium das obras *Histórias da Vida,* Hilário Silva e Valérium e *Decisão,* André Luiz, IDE), na reunião de abertura da 34ª COMMETRIM, a 31/10/97, em Ituiutaba, MG. Foi o primeiro esclarecimento público sobre a questão, que veio do Plano Espiritual.

O médium, após lê-la diante dos presentes e, naquele momento, tomando ciência do seu conteúdo, preocupou-se com sua divulgação sem, antes, ouvir a opinião de Chico Xavier. Então, a dirigente da Confraternização encarregou-se desse contato e, de fato, ao ouvir o médium, em Uberaba, colheu a seguinte informação: Se ele a havia recebido, deveria publicá-la. Diante desse apoio, Baduy remeteu-a à União Espírita Mineira, promotora da COMMETRIM, deixando ao critério dos seus dirigentes, publicá-la ou não. E na edição de abril/ maio/98, do jornal daquela instituição, *O Espírita Mineiro,* de Belo Horizonte, MG, a referida mensagem foi publicada na íntegra. [A mensagem "A Volta de Allan Kardec", posteriormente, foi incluída nos seguintes livros: *Kardec Prossegue,* 3ª edição e *Chico Xavier, a Reencarnação de Allan Kardec,* de Carlos Baccelli (Ed. LEEP, Uberaba, MG.)]

E, em 18/04/99 e 16/04/04, Baduy recebeu mensagens de André Luiz, intituladas "Louvor a Kardec" (*O Espírita Mineiro,* set./out./99) e "Kardec e Jesus" *(AE 2005),* nas quais destaca "a volta do Mestre de Lyon à crosta terrestre, vestindo a pele trigueira do medianeiro humilde, para desdobrar a Codificação." (Posteriormente, estas duas mensagens foram transcritas na obra *Kardec Prossegue,* 3ª edição, revista e ampliada.)

3 – O livro *Obras Póstumas* ("Meu Retorno", p. 289, IDE) registra a seguinte informação do Espírito da Verdade dada a Kardec, em 1860, pela médium Sra. Schmidt: "Não ficarás muito tempo entre nós; é necessário que retornes para terminar a tua missão, que não pode ser rematada nesta existência." E, após esta mensagem, o missionário escreveu uma Nota concluindo que a sua próxima reencarnação seria "ao fim deste século ou ao começo do outro."

Digno de nota é que, também, através de outros médiuns e em outros momentos, as seguintes Entidades disseram o mesmo ao mestre lionês: Zéfiro (em 1857, médium Srta. Baudin, *Obras Póstumas,* IDE, p. 281.); Luís de França (médium Ermance Dufaux, *O Livro dos Espíritos e sua Tradição Histórica e Lendária,* Canuto Abreu, Ed. LFU, S. Paulo, SP, p. 184, que afirmou a Kardec e seus companheiros, no lançamento de *O Livro dos Espíritos,* a 18/4/1857: "Ainda lhes resta muito a executar até o limite preestabelecido para cada qual. Uma só existência não lhes bastará. Até aqui 'recordaram'. Daqui por diante, cumpre-lhes 'apostolar'."); e Dr. Demeure (02/02/1865, "Segundo as minhas observações, e as informações que obtive em boa fonte, ficou evidente para mim que, quanto mais cedo a sua desencarnação se opere, tanto mais cedo poderá ter a reencarnação com a qual acabará a sua obra." (*O Céu e o Inferno,* IDE, Segunda Parte, Cap. II, p. 177)

A propósito, *Kardec Prossegue* (p. 116, 1ª ed. e p. 127, 3ª ed.) registra a seguinte pergunta do Autor: "– Chico, Allan Kardec realmente reencarnou no início do século como está previsto no livro *Obras Póstumas?*", que obteve esta resposta: "– Eu não posso dizer coisa nenhuma, porque eu não tenho informações positivas de Emmanuel sobre o assunto. (...) Eu aceito o que está dito no livro *Obras Póstumas* e mesmo em outras publicações."

Portanto, Chico demonstrou claramente sua aceitação da reencarnação de Kardec anunciada pelo Espírito da Verdade ("que é o próprio Senhor", no esclarecimento do Instrutor Alexandre, em *Missionários da Luz,* André Luiz, Francisco C. Xavier, cap.9, p. 99, 17ª edição FEB)...

4 – Observa-se, no item anterior, que Chico se referiu a "outras publicações" que também anunciam a volta do Codificador. Dentre elas, além de *O Céu e o Inferno* e do livro do Dr. Canuto Abreu, referidas anteriormente, citarei outra fonte esclarecedora: *Rayonnements de la Vie Spirituelle/Reflexos da Vida Espiritual* (CELD, Rio, RJ). Esta valiosa obra, de Autores diversos, recebida pela médium francesa Sra. W. Krell, que nos revelou a tão conhecida, hoje, Prece de Cárita (*AE 2002,* p.96 e *2003,* p. 182), apresenta-nos uma interessante mensagem de Lavater (1741-1801), um precursor do Espiritismo, datada de dez./1874, que, após referir-se à missão anterior de Kardec na figura de João Huss, escreveu:

"Esse Espírito, muito bom, sempre devotado, já se ocupa com o momento em que ele retornará, pela terceira vez, para trazer uma pedra ao jovem edifício da religião universal do porvir. Ele conta para ajudá-lo nessa terceira tarefa, com os caminhos que, vocês, seus discípulos, estão encarregados de preparar para sua obra". (cap. 151.)

Na época em que transmitiu essa mensagem, Lavater, certamente, estava bem informado da missão do Brasil como Pátria do Evangelho, pois já se aproximava o momento de sua reencarnação em Terras de

Vera Cruz com o nome de Eurípedes Barsanulfo (1880-1918). (*AE 2003*, p. 188)

Sabemos que não só Eurípedes, mas, também, um grande número de Entidades compromissadas com a Terceira Revelação vieram da Europa para trabalhar na seara espírita brasileira. E, dentre elas, muitas que já haviam colaborado com Kardec.

Observa-se, por exemplo, que o movimento espírita francês, tão próspero na época do Codificador, arrefeceu enquanto que no Brasil vem prosperando sempre...

Sobre essa migração de Espíritos, em duas oportunidades, Chico Xavier prestou valiosos esclarecimentos ao Dr. Inácio Ferreira, quando ambos encarnados, que são registrados, agora, em sua obra *Sob as Cinzas do Tempo* (Baccelli, Ed. Didier, cap. 14 e 25.), da qual transcreveremos apenas o seguinte diálogo que se seguiu a uma comunicação de um Espírito obsessor, contatado por eles, realizada poucos minutos antes:

"– Chico, tenho a impressão de que ele o reconheceu... Ele chamou você de francês...

– Muitos vivemos na França, Doutor: eu, o senhor, nossa irmã D. Maria Modesto...

E, sorrindo, concluiu, arriscando dizer:

– No Espiritismo, quem não foi padre ou freira foi francês..."

E, encerrando este tópico, transmitirei ao leitor um diálogo que ouvi na residência de Chico Xavier, em 29/9/1981, entre o médium e uma senhora, esposa de um confrade compromissado com a divulgação do livro espírita:

"– Eu já disse ao meu marido, Chico, que, pelo livro espírita, estou disposta a agüentar tudo.

– É por isso que viemos todos juntos."

5 – Quando estudava em Ribeirão Preto, SP, na década de 60, recebíamos sempre notícias de Chico através do companheiro João Augusto de Oliveira, nosso querido "tio João" (*AE 1998*, p. 136), desencarnado em 1997. Vendedor de calçados em toda a região, viajava muito e, sempre que podia, comparecia às peregrinações de sábado,

em companhia de Chico, de quem se tornou grande amigo. Certo dia, tio João trouxe a seguinte revelação do médium amigo: ele preparou-se durante 40 anos, no Além, para a sua tarefa mediúnica. É um número que foi sempre lembrado por mim devido à importância desta informação para o estudo da mediunidade. E recordando hoje que transcorreram 41 anos (1869 –1910) entre a desencarnação de Kardec e o nascimento do Chico...

6 – Dr. A. Demeure foi um confrade que se correspondia com Kardec e, após sua desencarnação, em 1865, tornou-se um protetor constante do Codificador. No Brasil, desde o início da mediunidade de Chico, 1927, integrou-se à equipe dos médicos que receitavam remédios homeopáticos, atuante até 1979. (*AE 1988,* p. 135) E também prestou valiosa assistência à Nelma, sobrinha do médium. (*Amor e Sabedoria de Emmanuel,* Clovis Tavares, IDE, cap. 11.)

Após a mudança de Chico para Uberaba, por vezes, comunicavam-se no Sanatório Espírita, desta cidade, Gabriel Delanne e Léon Denis. (*Na Próxima Dimensão,* Inácio Ferreira, C. A. Baccelli, LEEPP, p. 58)

Outro importante colaborador da Codificação, o astrônomo Flammarion, também participou da missão de Chico Xavier, com o pseudônimo de Lucius, através da médium Heigorina Cunha. Isto é, programou e orientou todo o trabalho de Heigorina, muitas vezes transmitindo informações pelo médium de Uberaba, dando origem aos livros *Cidade no Além* (em co-autoria com André Luiz e Francisco C. Xavier) e *Imagens do Além* (IDE). A médium sacramentana recebeu a confirmação da identidade de Lucius pelo próprio Chico, que, naquela época, a presenteou com o romance *Estela* (FEB), de autoria de Flammarion.

7 – Em 1957, D. Corina Novelino, autora de *Eurípedes – O Homem e a Missão,* e outras companheiras de Sacramento, MG, ouviram de Chico Xavier um relato de seu recente comparecimento, no Além, em desdobramento, a um encontro comemorativo do Centenário da Codificação. Perguntado sobre a provável presença de Kardec no evento, ele se limitou a dizer que o mesmo foi presidido por Léon Denis. E Kardec, estaria ausente?...

8 – Os principais colaboradores da missão de Kardec: Flammarion, Gabriel Delanne e Léon Denis desencarnaram, respectivamente, em 1925, 1926 e 12/04/1927. Apenas três meses após o regresso de Denis, que liderava o movimento espírita, surgiu, naturalmente, um novo líder, despretensioso e humilde, na figura de Chico Xavier, iniciando seu apostolado mediúnico em 08/07/1927.

9 – Apesar do seu aprendizado escolar tão limitado, Chico escreveu, em 1931, aos 21 anos de idade, a bela introdução "Palavras Minhas" para o seu primeiro livro: *Parnaso de Além-Túmulo*. Neste texto ele confessa: "sempre tive o mais pronunciado pendor para a literatura; (...) em casa, sempre estudei o que pude, mas meu pai era completamente avesso à minha vocação para as letras, e muitas vezes tive o desprazer de ver os meus livros e revistas queimados." Outras admiráveis apresentações foram elaboradas por ele para as obras: *Cartas de uma Morta* (1935), *Emmanuel* (1937, quando apresenta ao leitor seu guia espiritual) e, provavelmente, em nome dos trabalhadores do Grupo Espírita, de Pedro Leopoldo, MG, *O Consolador* (1940).

Em 1935, o médico Dr. Christiano Ottoni, que integrava a Banca Examinadora do Grupo Escolar de Pedro Leopoldo, declarou ao repórter que "as possibilidades intelectuais de Chico são grandes: a inteligência muito lúcida, superior à normal, excelente memória, grande poder de assimilação e presença de espírito." (*Notáveis Reportagens com Chico Xavier*, IDE, cap. 13)

A sua intelectualidade, conforme analisamos no livro *Mediunidade na Bíblia – Telas Famosas sob a Visão Espírita,* IDE, cap. 42, geralmente, sempre foi pouco reconhecida, confundida com a exuberante manifestação mediúnica, isto é, sendo considerada quase somente como manifestação dos Espíritos.

10 – Criou-se no meio espírita, talvez baseando-se nas suas imagens fisionômicas divulgadas, o falso conceito de que Kardec era muito sério, severo, frio e incapaz de sorrir. Portanto, é oportuno lembrar o seguinte fato: contrastando com a atualidade, observa-se facilmente que, desde as épocas mais recuadas, geralmente, os retratados em telas e, a partir do século XIX, também em fotografias, se mostram com a fisionomia grave, austera, e mesmo solene, pois, no entendimento geral,

era considerada a melhor aparência representativa da respeitabilidade e da firmeza moral.

E, lendo, a seguir, tópicos dos únicos e fiéis depoimentos encontrados na literatura, de confrades que conviveram com ele, o leitor concluirá que a personalidade do Codificador era bem diferente daquela imaginada por muitos, sendo, na verdade, típica de um Espírito elevado, muito semelhante à de Chico Xavier, isto é, dotado não só de um cérebro privilegiado, mas também de um formoso coração.

"(...) e dando informações a todos os investigadores sérios, com os quais falava com liberdade e animação, de rosto ocasionalmente iluminado por um sorriso genial e agradável, conquanto tal fosse a sua habitual seriedade de conduta que nunca se lhe ouvia uma gargalhada." Anna Blackwell (*História do Espiritismo,* A. Conan Doyle, Ed. Pensamento, S. Paulo, SP, p. 394)

"(...) na casa de Leymarie, se distraía a contar anedotas de alto nível, às quais não faltavam ditos gauleses. Aos domingos, convidava amigos para jantar em sua Vila Ségur. Então, o grave filósofo, depois de haver debatido os pontos mais difíceis e mais controvertidos da Doutrina, esforçava-se por entreter os convidados. Mostrava-se expansivo, espalhando bom humor em todas as oportunidades." (Texto baseado em depoimento de P. – G. Leymarie)

"Todos lhe proclamam o gênio (...) mas, estarão eles em condições de apreciá-lo em sua vida privada, isto é, por seus atos? Puderam avaliar a bondade do seu coração, avaliar-lhe o caráter tão firme quão justo, a benevolência de que usava em suas relações, sua prudência e sua extrema delicadeza? Não. (...) Não mais pararia eu de falar, se tivesse necessidade de vos lembrar os milhares de fatos desse gênero, conhecidos tão-somente por aqueles que Allan Kardec socorreu; não amparava apenas a miséria, levantava também, com palavras confortadoras, o moral abatido. Jamais, porém, sua mão esquerda soube o que dava a direita. "Alexandre Delanne (*Allan Kardec,* Zêus Wantuil e F. Thiesen, FEB, Vol. III, pp. 131 e 136 a 138)

Na área da caridade, observemos o entusiasmo de Kardec com a assistência domiciliar aos necessitados, que foi uma atividade à qual Chico Xavier dedicou-se com carinho e perseverança, desde o início de sua missão:

"Não podemos, pois, senão encorajar, com todas as nossas forças, a beneficência coletiva nos grupos espíritas; conhecemo-la em Paris, na Província e no Estrangeiro, que são fundadas, se não exclusivamente, pelo menos principalmente com esse objetivo, e cuja organização não deixa nada a desejar; ali, os membros devotados vão ao domicílio se informarem dos sofrimentos, e levar o que vale, algumas vezes, mais do que os socorros materiais: as consolações e os encorajamentos. Honra a eles, porque bem merecem do Espiritismo! Que cada grupo agisse assim em sua esfera de atividade, e todos juntos realizarão melhor do que não o poderia fazer uma caixa central quatro vezes mais rica." (Projeto de Caixa Geral de Socorro, *Revista Espírita,* Vol. IX, 7/1866, IDE, p. 204.)

11 – Kardec, ao receber homenagens públicas, transferiu-as ao Espiritismo. (*Revista Espírita,* vol. IV, 11/ 1861, p. 329 e 340; vol. V, 06/1862, p. 185) E Chico Xavier, ao receber Títulos de Cidadania, transferiu tais homenagens à Doutrina Espírita.

12 – Kardec entusiasmou-se com pomada medicinal (*Revista Espírita,* vol. V, 11/1862.) e Chico sempre divulgou, com muita convicção, a pomada Vovô Pedro, ambas de origem mediúnica.

13 – Em *Crônicas de Além-Túmulo* (F.C. Xavier, FEB, 1937) Humberto de Campos exalta a figura de Kardec, descrevendo sua desencarnação, e entrevista Judas, Pedro, Sócrates e Tiradentes. E uma pergunta fica no ar: por que ele nunca entrevistou o Codificador?

14 – A primeira revelação da identidade espiritual João Huss/ Kardec é datada de 1857, através de Ermance Dufaux, cuja fidelidade mediúnica foi enaltecida pelo Codificador. Tal mensagem foi copiada pelo Dr. Canuto Abreu, em 1921, em Paris. Guardada na Maison des Spirites, foi destruída durante a II Guerra Mundial. (*A Missão de Allan Kardec,* C. Imbassahy, FEP)

Evidentemente, pela sua humildade, em face da grandeza do missionário cristão tcheco (1369-1415), Kardec não a divulgou. Mas, certamente, os seus companheiros sabiam. Um deles, o pintor Monvoisin, elaborou e doou à Doutrina oito quadros, entre eles "O Auto-de-fé de João Huss", com vistas ao Museu do Espiritismo, idealizado pelo Codificador, que considerou tais telas "verdadeiras obras-primas de arte, especialmente executadas, tendo em vista o Espiritismo." (*Revista Espírita*, 12/1868 e 06/1869, e *AE 2002*, p.126)

Chico Xavier também ocultou ao máximo seu passado espiritual. Em 1935, ao repórter de O Globo, referiu-se "a lembranças espontâneas (e sonhos) que não eram de minha existência atual", desde a adolescência, relacionadas à França. (*Notáveis Reportagens com Chico Xavier*, cap. 4)

E no seu Prefácio para a obra *Emmanuel* (FEB), em 1937, assim se expressou: "Muitas vezes, quando me coloco em relação com as lembranças de minhas vidas passadas e quando sensações angustiosas me prendem o coração, sinto-lhe a palavra amiga e confortadora. Emmanuel leva-me, então, às eras mortas e explica-me os grandes e pequenos porquês das atribulações de cada instante. Recebo, invariavelmente, com a sua assistência, um conforto indescritível, e assim é que renovo minhas energias para a tarefa espinhosa da mediunidade, em que somos ainda tão incompreendidos."

15 – Em 1978, Chico esteve em Araras para assinar a escritura de Direitos Autorais dos dez primeiros livros doados ao IDE. (*Encontros no Tempo*, IDE, p. 144.) Após o ato, que se realizou na sede do IDE, ele manteve um diálogo fraterno com os diretores da instituição. Nesta oportunidade, apresentei ao Chico um pequeno pacote de mensagens, de sua autoria mediúnica, ainda inéditas em livro. A maioria se tratava de Kardec e, assim, eu pensava que daria um volume inteiramente sobre o Codificador, pois, curiosamente, entre as 412, não há uma obra de Chico exclusivamente sobre a vida ou/e missão de Kardec. Disse-lhe que não tinha a intenção de pleitear, com aquele material, mais um livro para o IDE; que as mensagens deveriam ficar com ele para serem enfeixadas, oportunamente, em algum livro.

Mas, para minha surpresa, após rápida análise do material, devolveu-me o pacote, dizendo: "Guarde-o." Não voltei mais ao assunto, nem ele, embora mantivéssemos contatos freqüentes em função do trabalho editorial do IDE.

Em 1995, com a produção mediúnica de Chico já bem reduzida, em face de seu estado de saúde, o dedicado secretário Vivaldo procurava reunir mensagens já divulgadas, mas ainda não incluídas em livros, para organizar novas obras, sob a orientação do médium e de Emmanuel, pedindo a colaboração dos confrades. Então, atendendo à solicitação, apresentei ao Vivaldo aquele pacote de mensagens; contudo, algumas delas, recentemente, já haviam sido incorporadas em livros. Mesmo assim, o que restou serviu de base para a obra *Doutrina-Escola,* lançada pelo IDE, em 1996. E, para minha surpresa, os originais deste livro vieram com o pedido do Chico para que eu fizesse o prefácio...

Haveria um desconforto de Chico, reflexo de sua humildade, considerando que tinha consciência de sua vida anterior, em lançar uma obra específica sobre o Codificador, dentro de sua tarefa mediúnica? Esse fato explicaria também a não inclusão, na série de suas obras psicografadas, da mensagem "Lembrando Allan Kardec" (que fazia parte daquele pacote, sendo incluída na obra *Doutrina-Escola*) – que enaltece mais ainda o Codificador, ao identificá-lo na figura do devotado João Huss, que recebeu do próprio Cristo a missão de implantar na Terra o Consolador prometido –, de autoria de Irmão X, recebida em 1942, sendo que, após esta data, várias obras deste mesmo autor foram lançadas?

16 – Sempre cultivei fraterna amizade com a dedicada Neuza Barsanulfo Arantes, Neuzinha, na intimidade, que pertenceu à equipe de colaboradores de Chico Xavier, desde que ele se radicou em Uberaba. Ela desencarnou em 04/01/95 (*AE 1996,* p. 146), após seis meses de grave enfermidade, período em que ela ficava a maior parte de seu tempo na casa de Chico, ainda cooperante, apesar de debilitada.

Nesta fase, numa noite de sábado, num recanto do pátio do Grupo Espírita da Prece, ela disse-me: " – Certo dia, quando eu trabalhava com o Chico, e estando um exemplar de *Kardec Prossegue* à vista, sobre a mesa, e não aceitando ainda a identidade espiritual que aquele livro divulga, pensei: ' – Será possível? Chico não tem a mesma personalidade de Kardec, um homem muito sério e austero. Chico é meigo, delicado...' Daí a pouco, ele surpreendeu-me, ao afirmar: ' – Eles se enganam com a personalidade de Kardec; ele não era como pensam'."

Num outro momento, Chico contou-lhe uma passagem da vida de Kardec, quando ele caminhava, em Paris, carregando um pacote de livros espíritas. Ao seu lado, estacionou uma carruagem transportando a célebre escritora francesa, espiritualista, George Sand, que lhe falou: " – Professor, aonde vais com estes livros?" Chico, emocionado, chorou em seguida, não detalhando aquele encontro, mas, a seguir, narrou-lhe alguns fatos da vida da escritora.

A seguir, perguntei-lhe: – Qual a sua interpretação do fato? Chico contou-lhe o que ouviu de alguma Entidade ou estava recordando o seu passado?

Neuzinha disse-me, então, acreditar convictamente que, naquele episódio, o médium recordou-se de um lance de sua vida anterior.

É interessante lembrar que, quando do lançamento de *O Livro dos Espíritos,* o Codificador enviou a George Sand, gentilmente, um exemplar desta obra, acompanhado de uma bela e expressiva carta, transcrita integralmente no livro *Allan Kardec,* Vol. III, p. 17.

Em fins de 1995, aproximadamente um ano após estes diálogos com Neuzinha, Chico concedeu uma entrevista a Gugu Liberato quando, ao responder à pergunta: "– Você sabe dizer quem foi em outras encarnações?", assim se expressou: " – Ah... não sei exatamente. Tenho idéias relampejantes, mas não tenho certeza. Devo ter tido uma experiência de pouco destaque e nenhum poder de força. Desta vez voltei para a mediunidade, que representou um serviço para mim. A mediunidade sempre foi minha tarefa diária durante 68 anos." (*AE 1997,* p. 155)

17 – No livro *Na Próxima Dimensão,* do Dr. Inácio Ferreira, Espírito, médium Baccelli, cap. 8, 9 e 12, lançado em 2002, o autor debate longamente com alguns companheiros e esclarece o nosso tema, confirmando a identidade espiritual Kardec/Chico Xavier.

18 - Além de Baduy e Baccelli, tivemos a notícia de que um outro médium, também conceituado, transmitiu, há décadas, apenas aos seus familiares mais íntimos, a mesma informação quanto à identidade espiritual em análise.

Relatou-nos a estimada irmã Heigorina Cunha, em sua residência, na chácara que pertenceu aos seus pais, em Sacramento, MG, na tarde de 1º de março de 2002, o seguinte:

Em 1952, ao final de um Culto Cristão familiar, dirigido por sua mãe, Eurídice Miltan Cunha, mais conhecida por D. Sinhazinha, irmã de Eurípedes Barsanulfo, foi mostrado aos presentes um pequeno impresso constando, numa das faces, uma mensagem psicografada por Chico Xavier, e na outra, uma foto deste médium.

Foi quando, pela primeira vez, Heigorina ficou conhecendo a fisionomia do psicógrafo, que então residia em Pedro Leopoldo-MG.

Naquela reunião íntima, comparecia o devotado médium Luiz Ferreira da Cunha, chamado carinhosamente, por todos, de "tio Luizinho" (talvez por ser lembrado como tio de Eurípedes, sendo irmão de D. Meca), que se destacou como clarividente.

O impresso referido foi passado de mão em mão, e quando chegou a vez do tio Luizinho, ele colocou-o sobre a mesa, com a foto de Chico Xavier à vista, ao lado do livro lido no Culto – *O Evangelho Segundo o Espiritismo,* antiga edição encadernada, da FEB, que apresentava, na capa, a imagem de Kardec em alto-relevo e, virando-se para a Heigorina, que estava ao seu lado, perguntou-lhe:

– Menina, você sabe quem é Chico Xavier?

E, com o dedo indicador, ele apontou para as duas figuras, ora para uma, ora para a outra, por duas ou três vezes.

Heigorina, surpreendida, entendeu a mensagem, permanecendo calada e pensativa, nunca mais se esquecendo desta interessante revelação do querido e respeitado tio Luizinho, que regressou à Pátria Espiritual a 27/9/1959, ainda lúcido, em idade avançada.

✳ ✳ ✳

Em face destes significativos indícios, hoje não mais tenho dúvida do regresso de Kardec em solo brasileiro para dar continuidade ao seu elevado compromisso com a Terceira Revelação.

Em certo momento, este estudo recebeu grande incentivo de um caro confrade, Promotor Público, quando, dialogando com ele sobre o tema, disse-lhe que, na pesquisa em andamento, eu tinha reunido *apenas indícios.* E, então, informou-me que, na área jurídica, os indícios são muito importantes, pois, muitas vezes, são decisivos num julgamento, mesmo sem prova direta.

Ao término deste despretensioso trabalho, quero registrar que já encontrei, em alguns confrades, uma fácil aceitação da identidade espiritual em tela com o seguinte raciocínio lógico, dispensando indícios: conforme relata *Obras Póstumas,* se o Espírito da Verdade programou a volta de Kardec para completar sua missão, após poucas décadas, quem teria, no século que se seguiu, desenvolvido tal apostolado, senão Chico Xavier?

(Matéria publicada inicialmente no *Anuário Espírita 2006,* agora com pequenos acréscimos nos itens 2 e 3.)